Journal
d'une youtubeuse

Noémie

Journal d'une youtubeuse

Éditions Nouvelles Plumes

Éditions Nouvelles Plumes,
16, Rue d'Orchampt – 75018 Paris

www.nouvellesplumes.com

ISBN : 979-10-245-0131-4

Je dédie ce livre à ma grand-mère, cette femme incroyable, cette deuxième maman qui m'a offert mon premier pinceau de maquillage, qui m'a donné goût à la joie de vivre et à la positive attitude. Pas une seule fois dans ma vie je ne l'ai vu baisser les bras ou perdre son sourire, elle est ma force. J'ai écrit chacune de ces pages en pensant à la fierté qu'elle ressentirait en lisant mon livre.

Je dédie également ce livre à vous tous, vous qui me soutenez dans chacun de mes projets, certains plus fous que d'autres je l'avoue. Vous qui m'accompagnez dans chacune de mes journées. Vous qui faites de ma vie une incroyable aventure. Ce livre scelle notre histoire pour toujours, jamais je ne cesserai de penser à vous. Vous rythmez ma vie d'une mélodie enivrante.
Mon cœur, mes pensées vous appartiennent.

Hésitation

Si je commençais par vous livrer un secret? J'ai longtemps hésité avant d'écrire ce livre. Ma tête fourmillait de questions: que pourras-tu leur dire que tu ne leur as pas déjà raconté dans tes vidéos? Seras-tu à la hauteur? J'ai rapidement chassé mes craintes. J'avais tellement envie de vous parler, de vous rendre tout ce que vous me donnez chaque jour. J'avais envie de vous montrer une facette plus intime de moi, et je l'espère plus touchante, vous permettre de me découvrir davantage. L'écrivain Paul Auster a raison quand il dit qu'un livre « est le seul lieu au monde où deux étrangers peuvent se rencontrer de façon intime ». Parfois, il y a des choses plus faciles à exprimer à l'écrit qu'à l'oral. Un « je t'aime », par exemple. Et même un « je vous aime »...

Mon cœur palpite à l'idée de savoir que vous avez mon livre entre vos mains, que vous allez peut-être le transmettre à d'autres, ou le garder très proche de vous, dans le tiroir de votre table de nuit. J'espère que vous pourrez rire et positiver en me lisant. Et, pourquoi pas, vous identifier dans mes mésaventures du quotidien. Ce livre raconte ma vie de tous les jours, celle que je mène depuis que je vous ai rencontrés sur YouTube, et même celle d'avant mais qui me semble si lointaine aujourd'hui. Je me raconte sans fard. Pour vous, j'ai décidé d'ôter cette carapace que je traîne depuis tant d'années, par peur des désillusions, ou par méfiance peut-être. Je vous avoue que tout ce travail a remué beaucoup d'émotions en moi, de la joie, de la crainte, de la tristesse aussi. Je suis passée par tous les états. Mais en même temps, le fait de revenir en arrière et de tout me remémorer, de reconstituer cette grande aventure qui m'a changée à jamais m'a permis de me rendre compte d'une chose : je suis fière du chemin parcouru. Je ne pensais pas être capable d'avancer aussi vite, de me construire un univers et d'en faire mon métier, toute seule, comme une grande.

Ma vie n'a jamais été simple. Malgré mes sourires en vidéo et mon dressing de princesse, sachez-le, je suis la digne descendante de miss Catastrophe. Vous avez mis le feu chez vous ? Vous êtes tombée dans un ravin ? Vous vous êtes fait mordre jusqu'au sang par un chien qui voit rouge dès qu'il entend votre prénom ? Vous avez cramé votre portable dans les attractions d'Eurodisney ? Appelez-moi ! Je suis la spécialiste des accidents en série. Pas une journée ne se passe sans que je ne défie les lois de l'apesanteur. Je tombe, je trébuche, mais je me relève toujours ! Alors s'il n'y avait qu'une seule chose à retenir de ce livre, c'est qu'il y a assurément une leçon positive à retirer des événements difficiles que l'on traverse. Essayez, comme moi, de voir les choses du bon côté, quelle que soit la situation. Je vous promets que ça change la vie !

1

Le jour où tout a commencé

Cinq ans, déjà ! Le temps passe tellement vite avec vous… Voilà cinq ans que j'échange avec vous mes hauts, mes bas, mes astuces mode et beauté, que l'on part ensemble en voyage, que je vide mon sac, mon dressing et mon cœur. On se connaît sans se connaître vraiment, et pourtant vous m'êtes indispensables. C'est à vous que je pense en me levant le matin, à ce qui vous mettrait du baume au cœur ou égayerait votre journée. À vous aussi que je pense quand je pars en virée shopping et que je mets la main sur un nouveau vernis ou un jean parfaitement taillé. À vous encore que je pense le soir, en allant me coucher, tant cette trêve nocturne m'agace. Eh oui, je l'avoue, la nuit, je ne rêve que d'une chose : me réveiller pour vite vous retrouver. C'est peut-être pourquoi je suis somnambule ! Mais ça, j'y reviendrai un peu plus tard… Autant vous dire que Tanguy, mon amoureux, se sent parfois délaissé. O.K., je mens. Parfois… Souvent ! Mais en même temps, mon homme me soutient vraiment dans cette aventure. Cette chaîne YouTube, c'est un peu la sienne aussi. Je ne vous raconte pas le nombre de fois où je l'ai vu se glisser hors du lit en pleine nuit pour finir mes montages parce que j'avais perdu la guerre avec mon ordinateur la veille. Il vous aime autant que moi, c'est dire ! Et il accepte de me partager sans se plaindre. C'est rare chez un homme, non ?

YouTube a changé ma vie. Vous m'avez rendue heureuse, épanouie. Je n'ai plus peur de rien, ou presque. Et pourtant, tout a commencé par hasard, presque par accident, à une période de ma vie où je pensais ne plus jamais retrouver le sourire. C'était en 2010. Mes parents divorçaient. J'allais mal, forcément. Entendre des parents se déchirer, voir l'équilibre familial s'effondrer, ça vous brise le cœur, même à 20 ans. Alors pour combattre la morosité ambiante, je me suis mise à regarder des vidéos sur YouTube… et j'ai découvert les youtubeuses. Je me souviens encore de la première vidéo sur laquelle je suis tombée. C'était *Ce qu'il y a dans mon sac*, où une youtubeuse vidait son sac devant la caméra. J'ai alors pensé : « C'est génial, YouTube, on peut partager avec le monde entier ce qu'on partage avec ses copines. » Et même plus, en vérité. Bien que moi, franchement, je n'oserais pas fouiller dans le sac de mes copines. Vous le faites, vous ?

À l'époque, je déménageais dans le sud de la France. Je changeais de vie, d'appartement. J'ai songé : « Et si je tentais l'aventure sur YouTube moi aussi ? » C'était le moment où jamais. Fallait me voir au début… Au secours ! J'ai commencé avec un vieil appareil photo, parce qu'évidemment, je n'avais pas les moyens de débuter avec un réflex à sept cents euros. Au début, soyons clair, pas possible d'investir ! Mon appareil n'avait même pas de retour écran. J'avais installé un miroir derrière moi, histoire de voir à quoi je ressemblais. Je passais mon temps à jeter des coups d'œil dessus. Bonjour la discrétion ! C'était le système D. La qualité était médiocre. Quant aux vidéos… Mon Dieu, j'avais honte ! En même temps, il faut bien commencer quelque part, hein ? Et moi, je plongeais dans l'inconnu, dans l'obscurité la plus totale. Je faisais ce que je pouvais avec les moyens du bord, mon sourire, ma fougue, ma motivation et mon appareil photo bon pour la casse. Ma voix tremblait. Avouez que c'est impressionnant, tout de même. Je me sentais si bête à parler toute seule devant mon ordinateur.

Au début, j'avais treize abonnés et je trouvais ça déjà dingue ! C'est absurde, évidemment, car tout le monde connaît treize personnes dans sa vie. Mais que treize personnes prennent le temps de regarder mes vidéos, ça me semblait tout simplement incroyable. J'étais surprise et émue. Puis, les choses ont progressivement pris de l'ampleur. Quatre ans plus tard, j'étais arrivée à un stade où YouTube me permettait de gagner ma vie. Mais à quel prix ? J'étais épuisée. Je faisais les trois-huit, menais deux vies en parallèle. J'avais repris mes études. Les cours commençaient à 8 heures du matin. Du coup, je me levais à 5 heures pour tourner et pouvoir mettre en ligne trois vidéos par semaine. À l'époque, j'avais trente mille abonnés, soit dix fois moins qu'aujourd'hui. Mais c'était déjà énorme. Chaque jour, je me répétais : « Il existe des villes de trente mille habitants. C'est fou, il y a carrément une ville qui me suit ! » Cela m'encourageait à continuer. Je ne sentais plus la fatigue, j'étais poussée par ma passion, et cette passion prenait de plus en plus de place dans ma vie. Et puis l'été est arrivé, et là, j'ai décollé d'un coup, sans vraiment comprendre pourquoi. J'avais à présent une communauté fidèle qu'il était hors de question de décevoir. J'ai dû alors faire un choix. J'ai arrêté mes études et décidé de me consacrer à plein temps à ma chaîne YouTube… et à vous.

C'était prendre un risque énorme. J'aurais pu me ramasser et tout perdre. Parce que YouTube, c'est un peu comme dans l'univers de la téléréalité, on peut grimper très vite et retomber tout aussi vite. Du jour au lendemain. Mais plus je mesurais le risque que je prenais, plus j'étais convaincue d'avoir fait le bon choix. Je n'avais pas peur. Je vis un peu au jour le jour, vous savez. J'ai du mal à me projeter dans l'avenir. Il y a une phrase que je me répète tout le temps : « Profite de chaque seconde comme si c'était la dernière. » C'est en suivant cette philosophie de vie que j'ai fait le grand saut. Et ça a marché ! Bien sûr, au début, je me demandais si j'allais réussir à finir le mois, parce que cette activité est tellement aléatoire. Mais en y réfléchissant bien, j'aurais fait quoi si je n'avais pas été youtubeuse ? J'aurais travaillé avec des enfants ? Peut-être. Je serais devenue maquilleuse professionnelle ? Sûrement pas ! Car ce que j'aime avec ma communauté, c'est de pouvoir me détacher de ce côté pro, être moi à 1 000 %, tout simplement, donner des conseils beauté que tout le monde peut suivre. Honnêtement, à l'époque, je me cherchais. Et à mon avis, je serais toujours en train de le faire si je ne m'étais pas lancée sur YouTube.

Attention, je ne suis pas là à vous dire que toutes les filles en CDI devraient lâcher leur job pour lancer une chaîne YouTube ou concrétiser leurs rêves. Je ne suis pas totalement inconsciente ! Mais toutes celles qui sont malheureuses dans leur travail, je les encourage à prendre des risques, à voir plus haut. Peut-être à mener leur passion en parallèle, le temps de faire la transition. Une chose est sûre, rien ne tombe du ciel. Réaliser ses rêves, c'est un travail de forcené. Un job quotidien qui demande de l'audace et de la persévérance. Réaliser ses rêves, c'est à la fois un marathon et un sprint, il faut de l'endurance et un bon coup de starter, il faut viser haut, se transcender, muscler son tempérament et, surtout, être patient. Bref, il faut bosser !

J'ai toujours su la valeur de l'argent car j'ai toujours travaillé pour en gagner. Plus jeune, je bossais dans le restaurant de mes parents pour me faire un peu d'argent de poche. Bon, à partir d'un certain âge bien sûr ! Je n'aurais tout de même pas lavé les vitres d'un resto à 5 ans ! Mais je dois avouer que lorsque j'ai commencé à gagner ma vie avec ma chaîne YouTube, j'en ai été la première étonnée. Je ne savais même pas que c'était possible. Aucune d'entre nous, d'ailleurs. Au début, toutes les youtubeuses étaient là par pure passion. Ce n'était pas un enjeu financier pour nous, on ne savait même pas que l'on pouvait être monétisées ou recevoir des produits gratuits. On voulait simplement créer un monde à nous. Un nouveau monde car les terres de YouTube étaient encore inexplorées, ce qui rendait l'aventure super excitante. Sans nous en rendre compte, on inventait un nouveau métier, une nouvelle façon de communiquer avec les gens ou de se faire des amis. On devenait les antidotes modernes à la dépression et à la mine des mauvais jours. Bref, vous vouliez votre dose quotidienne de bonne humeur ? On était là pour vous !

Pour tout vous dire, même si je ne pouvais pas vivre de cette passion débordante, je serais encore sur YouTube. Parce que c'est justement une passion. Que vous soyez treize, mille ou trois cent mille à me suivre, j'aime ce lien que nous avons réussi à créer entre nous et cette obsession qui m'anime aujourd'hui de vous apporter un peu de bonheur. Les filles, elle est pas belle, la vie, quand on est ensemble ? Cette communauté, elle représente tout pour moi. J'ai l'impression de ne pas avoir existé avant vous. C'est une sensation étrange quand j'y pense, comme si ma vie avant YouTube avait été vécue par une autre. Aujourd'hui, chères abonnées, vous faites partie de ma famille. D'ailleurs, je vous appelle la *Touch Family* !

Parfois, on me dit que je suis superficielle. Je l'avoue, je suis une sur-consommatrice, une *beauty* et *shopping addict* ! Et alors ? ça fait du bien parfois, non ? On ne peut pas se focaliser uniquement sur les malheurs du monde. On peut en avoir conscience, mais aussi en sortir deux secondes. Moi, je cours après le bonheur. J'aime rire, sautiller dans tous les sens. Et quand mes abonnées me disent : « Quand je vais mal, il suffit que je regarde tes vidéos pour aller mieux », eh bien voilà, j'ai tout gagné ! Enfin, j'utilise le féminin bien que pas mal de garçons soient aussi abonnés à ma chaîne. Ils sont presque trente mille. C'est énorme, vous ne trouvez pas ? J'ai constaté ça il y a quelques mois. Le choc ! Je ne m'y attendais pas. Parfois, ils me disent qu'ils adorent mes tenues, mon maquillage, ou alors ils regardent ma chaîne de vlogs pour suivre mes aventures et mes voyages avec Tanguy. Franchement, je trouve ça génial. Ça me rend heureuse parce que j'ai beau vous avoir dans ma vie, le métier de youtubeuse reste une activité extrêmement solitaire. Toute la journée, je suis seule chez moi à tourner mes vidéos. Mais grâce à vous, je ne me sens jamais isolée du monde. Et je sais que dès que je mets un pied dehors, une super rencontre m'attend au coin de la rue.

Alors ne me demandez pas si j'ai peur que tout cela s'arrête. Je n'y pense même pas. Je refuse même d'y penser ! Bien sûr, parfois, j'ai peur de lasser. Je me dis que les filles qui me suivent lâcheront peut-être YouTube à un certain moment. Mais rapidement, je balaye mes craintes. Broyer du noir, ce n'est pas vraiment la spécialité de la maison ! Dans dix ans, je m'imagine toujours sur YouTube. Je ne vois pas pourquoi à 35 ans je n'aurais plus de conseils mode ou beauté à donner. Vous voyez une raison, vous ? D'ailleurs, je me dis que j'aurai encore mûri, vécu de nouvelles expériences. J'aurai peut-être des enfants et une vie de famille, et donc d'autres conseils à vous donner. Pourquoi pas des trucs de bien-être et des recettes de cuisine ? des vlogs sur des thèmes plus larges ? Comment s'organiser quand on a des enfants, par exemple. Je ne me fixe aucune limite. La vie s'en charge déjà pour moi. Je veux continuer à rêver. Mais en même temps, je ne veux pas vous mentir. Beaucoup de gens se trompent quand ils imaginent le quotidien d'une youtubeuse. Tout paraît merveilleux sur YouTube, tout droit sorti d'un conte de fées. Attention, *spoiler* : non, je ne suis pas une princesse ! Loin de là. Vous allez rapidement vous en rendre compte, je vous le promets. Ma vie n'est pas un long fleuve tranquille, certes, mais elle est loin d'être hors du commun, et je mène une existence parfaitement normale. À un détail près : mon quotidien est parsemé de catastrophes en séries !

2

Vingt-quatre heures dans la vie d'une youtubeuse beauté

Avant de pénétrer dans mon monde, abandonnez toutes vos idées préconçues. Comme je viens de vous le dire, on est loin du fantasme hollywoodien. Je ne vis pas dans une villa au sommet d'une colline, je ne me lave pas les cheveux à l'Évian, je ne déjeune pas tous les midis avec Leonardo Di Caprio et aucune Ferrari n'est garée en bas de chez moi. Mon univers, c'est un F3 fonctionnel où se nichent les deux pièces les plus importantes de ma vie : ma chambre et mon dressing ! Malgré tout, mes journées sont pleines de rebondissements. Cela ne m'empêche pas de suivre un rituel de princesse : tous les matins, je prends mon petit déjeuner au lit tandis que je checke et réponds à mes mails. Je peux renoncer à beaucoup de choses dans la vie, mais pas à ça, le petit dej' au lit ! C'est un moment sacré, presque un cérémonial. J'en profite pour noter toutes les choses importantes à faire dans la journée. Il y en a tellement ! Je me prépare une *to do list* que je coche au fur et à mesure. Ça me permet de m'organiser, et surtout de déstresser. Je me dis : « C'est bon, tu l'as noté. Calme-toi, Noémie, tu ne vas pas oublier ! » Et je dois vous avouer que le simple fait de voir chaque soir toute la liste cochée me rend hyper fière de moi.

Est-ce qu'il y aurait un instrument pour arrêter le temps, ou au moins le rallonger ? Parce que je vais vous dire, je n'ai pas assez d'une journée pour tout faire. Je mange rarement le midi car je ne vois pas le temps passer. C'est mal, je le sais, et d'ailleurs, je vous en prie, ne suivez pas mon exemple. Mais que voulez-vous ? Les tâches s'empilent. J'ai les sens en alerte en permanence. J'ai toujours l'esprit connecté à ma communauté. Je cherche des idées de sujets à aborder, des recettes bonne humeur. Le problème, c'est que tout m'inspire. Je suis une vraie éponge, comme les enfants. Enfin, est-ce vraiment un problème ? Je m'imprègne de tout ce qui m'entoure et trouve mes idées partout. Il suffit que je fasse mes courses au supermarché et que j'aperçoive un muffin dans les rayons pour me dire : « Si on se faisait une recette de muffins pour Halloween ? » Je m'inspire également beaucoup des saisons. Des fêtes, aussi. Noël, la fête des pères, des mères…

J'aime être en ébullition permanente, à la recherche des nouvelles tendances, des cosmétiques les plus prodigieux, des bougies les plus envoûtantes (une youtubeuse beauté qui se respecte vit avec ses placards remplis de bougies, sachez-le). Je reçois beaucoup de produits, mais je flâne aussi dès que j'ai le temps. Après tout, c'est mon devoir de youtubeuse de dénicher les dernières merveilles mode et beauté, de les tester et de pouvoir les conseiller. Bien sûr, je commande également beaucoup sur Internet. Mais qui ne le fait pas, hein ? Vous avez vu comment je me déculpabilise ? Je l'avoue, c'est un peu facile.

Dans le monde merveilleux de Walt Disney, les colis m'attendraient bien sagement sur mon paillasson, enlacés dans un ruban en satin rouge. J'ouvrirais la porte, décachetterais les paquets sans me casser un ongle, et tout cela serait anecdotique. Mais non ! Dans mon monde, les colis n'arrivent jamais à destination. Honnêtement, c'est presque un gag. À croire que les livreurs se sont passé le mot. À chaque fois que je suis absente, ils choisissent de laisser mes colis à la seule femme âgée de l'immeuble qui, souffrant d'Alzheimer, ne se souvient même pas d'avoir croisé qui que ce soit dans la journée. Bon, maintenant, je suis habituée. Mais la dernière fois, la vieille dame avait carrément refilé mon colis à un autre habitant de l'immeuble. Allez savoir pourquoi ! J'ai dû faire le tour des appartements pour savoir où avaient atterri mes paquets.

Je l'avoue, parfois, je suis la seule responsable de mes mésaventures. Pour vous donner un exemple, il m'est arrivé de forcer la porte d'un voisin par accident. Je revenais de la Poste des colis plein les bras, et je me suis trompée d'entrée d'immeuble. Je précise que je vis dans une résidence où toutes les entrées se ressemblent ! Me voilà donc qui monte les étages, perdue dans mes pensées. Arrivée au quatrième, j'enfonce ma clé dans la serrure. Ça bloque. Je force pendant cinq bonnes minutes, quand tout d'un coup un homme ouvre la porte et me lance : « Vous faites quoi, là ? » Il avait l'air interloqué et un peu agacé. Quant à moi, je commençais à me faire un film, genre : « Mais qu'est-ce que c'est que ces histoires ? Il y a un mec chez moi ? Mais t'es qui, toi ? » Je ne comprenais rien, jusqu'au moment où j'ai jeté un œil sur le paillasson. Clairement, ce n'était pas le mien. J'avais atterri chez le voisin. J'étais tellement confuse que, ma clé à la main, je lui ai expliqué que j'avais trébuché et foncé contre la porte. Ridicule ! Mais voilà, ça, c'est tout moi. J'ai trop de choses en tête et je passe mon temps à faire des bêtises.

Quand je ne tourne pas ou ne monte pas mes vidéos, je m'informe sur des événements, je pars à la découverte des nouveautés et, surtout, je suis à l'écoute de ma communauté. Chaque jour, je décortique les souhaits de mes abonnées et j'essaie de répondre à leurs attentes, d'aborder dans mes vidéos les sujets qui les préoccupent ou les font rêver. Alors vous voyez, je suis bien occupée et il ne me reste guère de temps libre. Malgré tout, j'essaie de me ménager des plages pour décompresser, faire du sport notamment. Je me suis mise à la *pole dance*. D'ailleurs, j'ai carrément installé une barre dans mon salon ! Bon, O.K., c'est un peu louche d'avoir un poteau comme ça au milieu de chez soi. Mais il y a une raison à tout ça. Avec mon agenda super chargé et mes déplacements qui se calent souvent au dernier moment, j'ai rarement le temps d'assister aux cours. Du coup, j'ai décidé d'avoir une barre à la maison pour pouvoir m'entraîner. Pour l'instant, on ne peut pas vraiment dire que je danse avec grâce et que je m'envole dans les airs avec mes orteils agrippés à la barre, mais j'y travaille. Enfin, j'y reviendrai plus tard, car ça vaut le détour !

Avec tout ça, je vois rarement Tanguy. On a beau vivre ensemble, on passe notre temps à se croiser. C'est assez étrange… Faut dire, on n'a pas vraiment le même emploi du temps. Lui, il se lève à 6 heures du matin et décolle de l'appartement à 6 heures 30. Autant vous dire qu'à cette heure-là, je suis loin d'avoir émergé. Et donc, quand je me lève, à 8 h 30, il n'est plus là.

Trois fois par semaine, il fait du sport. Du coup, il rentre tard le soir, souvent vers 21 heures. Moi, j'ai déjà mangé et il se retrouve à dîner tout seul. Enfin, ça, c'est quand il ne sort pas avec ses potes. Tanguy et moi, on tient à notre indépendance. On a chacun notre vie et on s'incruste rarement dans les soirées de l'autre. Disons plutôt que lui me laisse tranquille avec mes copines. Bon, j'imagine qu'il ne le fait pas uniquement par bonté de cœur. À mon avis, il doit un peu s'ennuyer au milieu des discussions de filles ! En tous cas, quand on arrive enfin à s'offrir quelques heures rien qu'à nous, c'est précieux. On se pose le temps d'un film ou d'une série sur les zombies ! Puis, quand Tanguy va se coucher, je reprends le travail, souvent jusqu'à 1 heure du matin. D'ailleurs, je ne sors jamais avec mes copines si je n'ai pas fini de bosser. Priorité à ma communauté !

Ça nous laisse peu de temps pour profiter l'un de l'autre avec Tanguy, alors on essaie de s'organiser un maximum de week-ends ou de voyages, histoire de se retrouver. Et ça, c'est YouTube qui l'a rendu possible. Aujourd'hui, je suis libre de mon emploi du temps. Si je décide de partir sur un coup de tête, je peux le faire. C'est génial. Cela me donne une sensation de plénitude et cette impression magique que tout est possible. Avant, je ne pouvais jamais rien prévoir. Je travaillais tous les samedis. À présent tout est différent. Enfin, Tanguy dirait sûrement le contraire. Le pauvre, il déprime quand on est en voyage car je suis toujours pressée de rentrer à la maison pour travailler. En plus, pas question de me séparer de mon ordi, vous imaginez bien ! Même en vacances, je suis tout le temps connectée. Et avant de partir, c'est la folie. Je mets en boîte toutes mes vidéos à l'avance, quitte à enchaîner les nuits blanches (O.K., je fais quand même attention aux cernes !), histoire de ne pas vous faire faux bond. Pas question de vous abandonner ! C'est un peu irrationnel, je l'avoue. Je me mets une pression de dingue, je stresse à l'idée que mes vidéos ne soient pas en ligne en temps et en heure, j'ai toujours peur de vous décevoir. Tanguy a beau tenter de me rassurer, rien n'y fait. Je ne suis jamais tranquille quand je m'éloigne trop longtemps de mes abonnées et de ma passion.

Avec le temps, j'apprends à mieux équilibrer ma vie. J'essaie d'accorder davantage d'attention à Tanguy. Après tout, il fait déjà énormément de sacrifices pour me permettre d'assouvir ma passion. Il ne me reproche jamais rien, or moi je culpabilise. Je ne veux pas qu'il se sente délaissé et j'essaie de moins travailler le week-end pour me consacrer totalement à nous. C'est peut-être ça aussi, mûrir : apprendre à s'ajuster, à être attentif à l'autre, et s'employer à doser avec harmonie toutes les choses qu'on aime le plus au monde.

3

Voyage, voyage…

J'ai deux passions dans la vie : l'univers de la beauté, et les voyages. Avant de mourir, je veux absolument faire le tour du monde. J'aimerais tout visiter avec Tanguy. Les plus beaux monuments, les contrées les plus sauvages, les pays les plus lointains. Mais attention, pas en une seule fois ! Je ne me sens pas l'âme d'une aventurière prête à tout quitter pour partir à la conquête du monde. Si vous croyez que je suis la digne héritière de Reese Whiterspoon dans le film *Wild*, arpentant en sac à dos les zones les plus retirées de la planète, je vous arrête tout de suite ! J'ai envie de découvrir le monde de façon un peu plus classique, et en plusieurs fois. J'ai déjà commencé, d'ailleurs.

J'ai acheté un globe terrestre et des étoiles rouges et j'ai tout installé dans notre salon. Dès qu'on part en amoureux, on pose une étoile à l'endroit de notre destination. Le but, c'est qu'à la fin de notre vie, le globe soit recouvert de toutes ces étoiles. Pour l'instant, il y en a dix : sur le Mexique, la Tunisie, la Thaïlande, New York, Londres, Paris, Rome, Barcelone, Benidorm. Je ne me séparerai jamais de ce globe. Peu importe qu'il soit abîmé ou qu'il parte en lambeau. Dans quelques années, je pourrai dire que j'ai accompli des choses, que j'ai fait le tour du monde. Avant ma mort, je le transmettrai à mes enfants. J'aimerais qu'ils fassent comme moi, qu'ils achètent eux aussi un globe et le placent à côté de celui que je leur aurai légué. Ce sera mon héritage. Bon, si j'ai plusieurs enfants, je ne vais pas pouvoir le couper en deux. Disons que ce globe ira chez celui qui aura le plus le goût du voyage !

Évidemment, dit comme ça, ça a l'air idyllique. Mais vous commencez à me connaître, hein ? Vous vous doutez bien que rien n'est aussi simple avec moi. Pour le commun des mortels, les voyages sont des parenthèses enchantées, et parfois même des aventures inoubliables. Pour moi, c'est un tour de force ! Presque un parcours du combattant. On s'égare tout le temps quand on voyage avec Tanguy. Je ne connais personne qui se perde autant que nous. Ne nous demandez pas pourquoi, cela reste encore un mystère. Comme par hasard, dès qu'on cherche à se rendre quelque part, on débarque toujours au mauvais endroit. Et quand il s'agit de retrouver le chemin de l'hôtel, mieux vaut ne pas être pressé : ça peut prendre des heures ! Le problème, c'est que je ne parle jamais la langue du pays où je vais. Je demande toujours à Tanguy de traduire. Heureusement qu'il est là, sinon ça serait la catastrophe. Même en anglais, je galère. Je parle à peine quelques mots. Je suis en train d'essayer d'apprendre la langue toute seule en ce moment, mais c'est long ! Alors imaginez ce que ça donne quand je me rends à Londres... J'adore Londres ! Non, je suis carrément amoureuse de Londres ! Il y a autant de choses à voir qu'à faire, là-bas, surtout du shopping, ce qui ne gâche rien. Bizarrement, le métro londonien, contrairement au métro parisien, ne m'angoisse pas. Et puis il y a la nourriture, que j'adore... Oui, je suis sans doute la seule Française à me damner pour la cuisine anglaise. Je pourrais vivre à Londres uniquement pour le plaisir d'engloutir des tonnes de *Fish and Chips* ! Mais pour les manger, encore faut-il être capable de les commander, si vous voyez ce que je veux dire. À chaque fois, j'ai l'air d'une conne. Un jour, dans un restaurant anglais, j'ai dit « *freeze* » au lieu de « *fries* » pour commander mes frites. Le serveur m'a regardée en disant : « Oh, quel bel accent français ! », comme si j'étais une attardée. Ça m'arrive tout le temps. Dès que j'ouvre la bouche dans un pays étranger, les gens s'adressent à moi comme si j'avais 2 ans d'âge mental ou un problème psychomoteur.

C'est l'une des raisons pour lesquelles Tanguy et moi on part souvent en vacances en *all inclusive*. Tout est plus simple, surtout au moment des repas. Mais ça, j'y reviendrai plus tard. C'est un point crucial quand je suis en voyage, qui peut d'ailleurs mener à des disputes épiques. Notre grand jeu avec Tanguy quand on est à l'étranger, c'est de dénicher le roi du pétrole de l'hôtel. Le roi du pétrole c'est qui ? Un mec entre trente et quarante-cinq ans qui se croit tout permis. Pendant tout le séjour, on s'amuse à l'appeler Tonton. Souvent, c'est un mec arrivé en même temps que nous et qu'on n'arrête pas de croiser, qui fait partie d'une famille un peu louche et se comporte comme s'il était propriétaire de l'hôtel. On déteste ça, les gens irrespectueux qui se prennent pour ce qu'ils ne sont pas. Et je peux vous dire qu'on en rencontre à chaque voyage.

Je ne sais pas pourquoi j'aime autant bouger. Sans doute parce que je suis curieuse. J'aime découvrir de nouvelles cultures. Et puis les voyages sont synonymes de rencontres et de joies, non ? Dès que je fais ma valise, je suis heureuse. J'ai l'impression de mûrir un peu plus à chaque fois. Je sais que je vais expérimenter de nouvelles choses. Et moi, je veux tout essayer! J'ai 25 ans et je tiens à profiter de ma jeunesse pour tester tout ce qu'il y a de plus merveilleux ou de plus étonnant dans la vie. Pour ça, je n'ai pas besoin d'aller à l'autre bout de la planète. Un séjour dans l'Aveyron est une aventure en soi à mes yeux, et suffit amplement à me rendre euphorique. Depuis que je suis youtubeuse, toute ma vie a changé parce que mes nouvelles activités me permettent de voyager régulièrement, notamment lorsque je dois me rendre à des événements organisés par les marques. Voilà sans doute pourquoi je me sens si épanouie aujourd'hui. À bien y réfléchir, je ne pense pas avoir jamais été aussi heureuse. Enfin…

Je crois qu'il est temps que je vous avoue l'un de mes problèmes les plus encombrants au quotidien: j'ai peur de voyager toute seule. O.K., dit ainsi ça fait un peu gamine. Et pour une accro des voyages cela semble un peu ridicule, je l'admets. Mais ce n'est pas ce que vous croyez. Je n'ai pas peur de me crasher en avion, de me faire agresser ou de finir en prison dans un pays étranger. Pas du tout! C'est juste que j'ai la poisse. Dans le TGV par exemple, il y a toujours quelqu'un assis à ma place. C'est fou, non? L'avion, c'est encore pire. Une fois, à Valence, les hôtesses ont refusé que je monte à bord au prétexte que le vol était plein. Je leur brandissais mon billet, mais elles s'en fichaient.

La compagnie avait fait du surbooking et ils ne pouvaient pas me caser dans l'appareil. Vous imaginez le stress ?

Plus récemment, alors que je prenais l'avion pour la Belgique, j'ai carrément cru que j'allais finir en taule. On m'a contrôlée dans tous les sens. Ça ne m'était jamais arrivé. Après avoir passé les portiques de sécurité, un garde m'a demandé de me mettre sur le côté. Je me suis dit : « Zut, je vais encore rater mon avion. » Il a commencé à passer un papier spécial sur mon sac et sur mes mains, puis il est parti l'analyser. Il devait y avoir des résidus de maquillage et il a dû penser que c'était des résidus de poudre, ou que j'avais manipulé une arme. Oh, *my God* ! Au retour, pareil ! D'abord, j'ai failli louper mon avion. Il y avait des bouchons énormes sur la route de l'aéroport et le GPS de la voiture de mes amis nous a fait partir n'importe où. Ensuite, aux portiques, rebelote ! Ils ont passé un papier spécial sur mes chaussures. Sur le moment je n'ai rien dit, sauf que j'ai vite réalisé qu'ils ne le faisaient qu'avec moi. Personne avant, personne après non plus. Chelou, non ?

Faut dire que ce séjour belge a comporté son lot d'étrangetés. Dans l'avion, j'ai croisé une abonnée. J'étais en train de me goinfrer de chips quand elle s'est approchée de moi. J'en avais partout, j'avais la bouche pleine, des miettes sur mes vêtements, pas vraiment la grâce incarnée, vous voyez... Elle a ralenti, m'a saluée en secouant la main, puis elle a tourné les talons sans un mot et n'est plus repassée. Sur le coup, ça m'a semblé étrange. Elle est restée dans les toilettes jusqu'à l'atterrissage, ou quoi ? Le mystère reste entier car je ne l'ai plus jamais vue durant le reste du voyage, ni plus tard à l'aéroport. Peut-être lui était-il arrivé ce qu'il m'est arrivé dans le métro bruxellois...

Attachez vos ceintures, surtout ! Parce que moi je ne l'ai pas fait et ça s'est transformé en vol plané ! Allez savoir pourquoi, dans le métro, je n'arrive jamais à contrôler mon corps, on dirait un chimpanzé. Le train était à l'arrêt quand le drame s'est produit. Je m'approchais de la place que me gardait mon amie Audrey quand la rame a démarré brusquement, m'entraînant en arrière sur au moins quatre mètres. Dans un élan d'héroïsme, ou de dernière chance (ce n'est pas encore très clair), j'ai attrapé le sein d'une passagère. En cas d'extrême urgence, on s'accroche à ce qu'on peut, non ? Eh ben moi, c'était le premier sein qui passait par là... Le plus drôle, c'est que la nana est restée de marbre. Droite comme un I, elle n'a pas moufté. Elle n'a même pas enlevé ma main alors que j'avais mes doigts agrippés à sa poitrine. Je ne plaisante pas, je lui ai arraché le sein ! Mais bon, elle avait une veste, ça a dû faire barrage. J'ai fini ma route à moitié allongée par terre derrière son siège, le corps en apesanteur façon Matrix, poussant un cri totalement naze. Du grand art, les filles ! Je me suis excusée auprès de la fille. Elle ne m'a rien répondu. Pas même « C'est pas grave ». Du coup, j'étais entre le malaise et le fou rire. Audrey me regardait, décomposée. Sur le moment, j'ai bien compris qu'elle avait essayé de m'aider. Mais voyant que c'était trop tard, elle a agité le bras puis s'est résignée, genre : « Oh, et puis tant pis ! »

Vous comprenez maintenant pourquoi, jusqu'à il y a peu, je ne me déplaçais jamais sans Tanguy. Je me sens toujours en sécurité avec lui, et je sais qu'en cas de soucis – ce qui, vous l'avez constaté, arrive systématiquement – il sait gérer. Le problème, c'est qu'avec mes nouvelles activités, il ne peut pas toujours m'accompagner lors de mes déplacements. Alors j'essaie de prendre sur moi. J'apprends à devenir plus indépendante et, comme vous le voyez, il m'arrive de voyager seule. Quand c'est le cas, je ne vais pas vous mentir, je suis rarement zen. Mais je progresse. Dans peu de temps, je serai peut-être même capable de prendre le métro parisien toute seule. Car ça, pour tout vous dire, c'est ma plus grande terreur ! Allez savoir pourquoi, ça me terrifie. Encore plus que le métro bruxellois, qui ne m'a pourtant pas vraiment porté chance. Le monde, la chaleur, le fait d'être sous terre, de m'emmêler les pinceaux avec les différentes lignes, l'immensité de la capitale, tout ça m'angoisse. Je pense qu'il faut être né à Paris pour pouvoir y vivre. Ou en tous cas ne pas en avoir peur. Avec Tanguy, on n'aime pas les grandes villes. Il nous faut un endroit à taille humaine. Nous sommes des gens simples qui aimons vivre dans la simplicité. Même si, grâce à YouTube, on est parfois amené à côtoyer des palaces ou des spas cinq étoiles, on n'est jamais super à l'aise quand ça arrive. Évidemment, ça comporte un côté magique, mais nous, on n'aime pas trop quand c'est trop guindé, on n'est pas habitués à tout ce protocole : le voiturier, les femmes de chambre qui te laissent un chocolat sur l'oreiller, un concierge à ton service… Et vous vous en doutez, ces séjours ont donné lieu à quelques anecdotes succulentes et burlesques.

Une fois, on était invités dans un magnifique hôtel-spa et avec Tanguy, on avait décidé de nous y rendre en voiture. On est arrivé avec notre vieille caisse, pourrie à un point inimaginable. L'étape d'après, pour sûr c'était la casse ! En approchant de l'hôtel, on a commencé à se sentir mal. Le parking était rempli de voitures de luxe. On n'allait pas filer les clés au voiturier… Ni une ni deux, on a fait demi-tour et on est partis se garer plus loin, préférant faire le reste du chemin à pied. Vous auriez dû nous voir, traînant notre valise à roulettes jusqu'à l'entrée de l'établissement. C'était risible. À l'accueil, le personnel, étonné, s'est mis à nous questionner : « Vous arrivez d'où, comme ça ? » On leur a expliqué qu'on avait garé la voiture un peu plus loin. Ils semblaient atterrés. Ils nous ont demandé les clés afin de la déplacer à côté des véhicules des autres clients du spa. Mais nous, on ne voulait pas ! Dans la voiture, il y avait des restes de McDo qui traînaient à l'arrière et des vieux *donuts* qui prenaient le soleil à l'avant. Une vraie poubelle ! On a quand même cédé, et je me suis tapée la honte de ma vie quand le voiturier nous a rendu les clés de la voiture à la fin du séjour et que j'ai constaté qu'il avait fait le ménage à l'intérieur.

En parlant de nourriture, on ne s'en est pas arrêté là. Le soir, on avait décidé de se faire un restaurant dans la ville. On a demandé conseil au concierge qui nous a donné des adresses hyper chères et luxueuses. Pas trop notre came, ni dans nos moyens. Résultat, on a fini dans un boui-boui pour déguster des hamburgers. À notre retour, le concierge s'est empressé de nous demander où nous avions dîné. J'avoue que sur le coup, on était un peu honteux de lui répondre qu'on avait opté pour le pauvre resto du coin. Heureusement, ce qu'il y a de bien dans ce genre d'hôtels de luxe, c'est que le personnel est toujours extrêmement aimable et serviable. Je revois encore sa tête attendrie quand il nous a répondu : « Très bonne initiative ! »

Il m'arrive toujours des aventures improbables quand je séjourne dans ce genre d'endroits. Je pense que je ne m'y habituerai jamais. Chaque fois, j'ai l'impression d'être totalement déconnectée. Comme si je voyageais emmitouflée dans un paquet cadeau, ou alors carrément sur une autre planète. Tout est si luxueux, si pompeux, et parfois si étrange. Je me souviens d'un séjour à Cannes où, à l'occasion d'un événement, je séjournais avec d'autres youtubeuses à l'hôtel 3.14. Je partageais une suite avec deux copines. Le rêve ! Sauf qu'arrivée dans la chambre, j'ai découvert une belle surprise ! Une boîte était déposée sur le lit. Je me suis approchée, ai déballé le tout, et découvert avec stupéfaction le contenu : un *sextoy*, du lubrifiant, un préservatif et un CD de musique d'ambiance. On s'est regardées toutes les trois en mode : « Mais, pourquoi ? On est trois copines ! » Franchement, c'était à se demander ce qu'ils avaient en tête…

4

La rançon de la gloire

Je n'ai jamais été la fille la plus populaire du collège ou du lycée. Vous savez, cette fille sublime et toujours entourée d'une bande d'indestructibles. La nana capable de créer une tendance en venant au collège habillée comme une serpillère. Celle qu'on envie et qu'on veut comme amie pour intégrer le club très fermé des plus cools de l'établissement. Vous voyez de quoi je parle ? Moi, j'étais plutôt une solitaire, mais je pouvais toujours compter sur une super bonne copine pour tout partager.

En y réfléchissant, j'ai plusieurs fois entendu des youtubeuses que j'adore dire sur leur chaîne qu'elles n'avaient jamais été, elles non plus, les plus populaires du collège ou du lycée. Pourtant, aujourd'hui, certaines sont des icônes. Je me dis que c'est encourageant. Et sûrement pas très étonnant. YouTube serait-il venu combler un manque chez nous ? Le besoin de partager des choses, de rencontrer des gens qui peuvent nous comprendre alors qu'on se sent si seules et incomprises en cours ? C'est possible. Je vous avoue que beaucoup de mes amies se demandent pourquoi j'ai ce besoin irrépressible d'avoir autant de rouges à lèvres de même couleur ! Même moi, parfois, je me pose la question…

Ce qui est génial, c'est qu'avec YouTube on a vu la consécration de la *Girl Next Door*. On a pris le pouvoir, les filles ! On a toutes besoin de s'identifier. Si bien que les youtubeuses sont devenues plus populaires et plus puissantes que certains magazines. C'était inimaginable il y a encore cinq ans. Que votre voisine de 17 ans, enfermée dans sa chambre caméra à la main, devienne plus influente que le magazine *Elle*, ou même qu'Anna Wintour, la grande prêtresse de la mode mondiale, c'est pas incroyable, ça ? Eh bien on l'a fait, les filles ! Parce qu'à travers YouTube, on peut s'attacher à une personne réelle et pas seulement à une image imprimée sur la couverture d'un magazine. Les youtubeuses parlent depuis chez elles, depuis leur lit ou leur coiffeuse. Ce sont des filles comme vous et moi, qui vivent une vie normale, qui ont des problèmes à la pelle et une immense envie de sublimer leur existence.

Je me souviens d'une anecdote incroyable qui reflète bien cette nouvelle donne. À l'époque, je travaillais chez Promod. Débarque dans la boutique une jeune fille qui se met tout à coup à crier en m'apercevant. C'était à mes débuts. La jeune fille s'approche de moi et me dit : « Oh, mon Dieu ! Vous êtes Noémie ? Je peux vous faire la bise ? » C'était tellement bizarre ! On s'embrasse, puis elle file à la caisse et s'adresse à ma chef. « Vous travaillez avec une star. Quelle chance vous avez ! » Elle a fait le show. J'étais super mal. Ma chef ne comprenait rien à ce qui se passait. Mes collègues non plus, d'ailleurs. À peine la jeune fille sortie du magasin, tout le monde s'est rué sur moi en mode : « Mais tu fais quoi exactement sur YouTube ? On ne comprend pas, là. Tu fais du porno ? » Mon Dieu !

Le fait d'être populaire sur YouTube n'a rien changé à ma vie. Je me sens comme avant, je n'ai pas pris la grosse tête. La grande différence, c'est que j'ai la chance de rencontrer mes abonnés partout où je vais. Chez le coiffeur, chez le médecin, et même à l'étranger. Et ça, c'est génial. En même temps, j'ai conscience que cela implique une sacrée responsabilité vis-à-vis de toutes mes abonnées. Je fais très attention à ce que je dis. Par exemple quand j'aborde la question du poids. C'est un sujet qui revient régulièrement sur YouTube. Je ne veux pas que les filles se disent : « Noémie pèse quarante-huit kilos, moi soixante, ce n'est pas normal, je suis trop grosse. » Vous me comprenez ? Je sais que certaines de mes abonnées aimeraient me ressembler. Elles évoquent souvent ma taille, mon poids, ma coupe de cheveux. Et je me dis qu'elles pourraient un jour décider d'arrêter de manger pour faire quarante-huit kilos. C'est une peur qui me hante. Je crains toujours de faire du mal à quelqu'un à travers une parole malheureuse. C'est pour cette raison que je prends d'énormes précautions, sur les sujets sensibles j'entends, parce que pour le reste, la nature revient au galop et je ne contrôle plus rien. J'essaie aussi d'avoir une attitude exemplaire. Je ne dis pas de gros mots, enfin, la plupart du temps, je ne fume pas non plus – O.K., sauf en de très très rares occasions, mais souvent je le regrette après. Je n'ai pas envie que des filles se mettent à fumer pour me ressembler, parce qu'elles m'ont aperçue un jour une clope à la main. Toutes ces filles, je les considère comme des sœurs. Alors hors de question de montrer le mauvais exemple. J'ai envie qu'elles soient heureuses et en bonne santé. Point barre !

De nombreuses abonnées me disent qu'elles sont mal dans leur peau et me demandent mes recettes pour se sentir bien. Que pourrais-je leur répondre ? Déjà, j'ai de l'expérience. J'ai 25 ans, je ne suis plus une ado. Je sais qu'il est difficile de ne pas être touchée par le jugement des autres. Moi aussi, j'ai vécu des périodes difficiles. Au collège notamment. Je pesais une dizaine de kilos de plus que maintenant, je me trouvais boulotte. J'étais mal dans ma peau et le regard des autres était hyper important pour moi. Je ne vous apprends rien en vous disant qu'au collège les ados sont cruels entre eux. Un kilo de trop, et on ne te rate pas. Tu deviens vite la risée du bahut. Alors pour tout vous dire, j'ai mal vécu cette période. J'étais une adolescente renfermée sur elle-même. Malgré tout, j'essayais de prendre les choses avec le sourire. Je refusais de pleurer sur mon sort. La vie est difficile, c'est comme ça. Il faut l'accepter et avancer. Et puis, si ça peut vous rassurer, dites-vous que cette période ingrate de l'adolescence n'est qu'un mauvais moment à passer. Je vous promets que les choses changent ensuite. Dans quelques années, toutes vos mésaventures d'ados vous feront sourire. Si, si, croyez-moi !

Si vraiment vous n'arrivez pas à accepter votre corps, il existe des solutions. Pour commencer, faire du sport et avoir une meilleure alimentation. Il faut aussi apprendre à se détacher du regard des autres. En même temps, c'est tellement dur de donner des conseils à des jeunes filles. J'ai souvent peur de me tromper. Je pèse toujours mes mots et je réfléchis beaucoup à la façon de formuler mes réponses. Une chose est sûre, les gens qui vous attaquent sur votre poids ou votre physique ne valent pas la peine qu'on s'y arrête. Cela blesse, évidemment, que l'on soit au collège ou déjà dans la vie active. Il ne faut pas les écouter ! Je sais, c'est plus facile à dire qu'à faire. Et malheureusement, il n'y a pas d'âge pour la cruauté. Vous pensez que je suis épargnée ? Que moi-même je ne vis pas ce genre d'attaques ? Que je mène une vie parfaite ? Eh bien non ! Simplement, j'ai décidé de prendre les choses avec le sourire. Le fait d'avoir traversé des moments difficiles dans ma vie m'a permis de me blinder. Quand l'amie aigrie d'une amie me lance : « Les gens te regardent sur YouTube pour se foutre de ta gueule, non ? », je le prends avec humour et je passe mon chemin le sourire aux lèvres. Cela ne m'atteint plus. Je vous jure que si vous arrivez à relativiser, à n'écouter que les personnes qui vous aiment et vous veulent du bien, à ignorer les jaloux et les pestes, vous allez vous offrir une voie express vers le bonheur.

Bon, O.K., je vous dis ça aujourd'hui, après avoir compris beaucoup de choses et pris pas mal de claques. Ado, j'étais bien plus vulnérable. Je ne relativisais pas aussi bien. À vrai dire, parfois je pleurais, d'autres fois je fuyais ! Pas vraiment une solution, hein ? J'ai traversé une période vraiment très difficile au collège. Vous savez, quand plus personne ne vous parle et que vous n'avez plus d'amis, que tout le monde vous regarde de travers, chuchote derrière votre dos et balance des trucs affreux sur votre compte. Ça, c'était moi à 10 ans. Vous imaginez ? 10 ans à peine et déjà forcée à me confronter à la cruauté du monde. Un peu tôt, vous ne trouvez pas ? À cette époque, la seule solution que j'avais trouvée pour fuir mes problèmes, c'était de sécher les cours. Un jour, j'ai passé trois heures dans la rue assise sur un banc à réfléchir. J'étais dépitée. J'avais bien trop d'angoisses pour retourner au collège. Ça a duré un an. C'est long, un an. Interminable, même. Avec le recul, je me dis que j'avais tout faux. Au final, j'ai redoublé ma sixième, tous ceux qui m'avaient fait du mal avaient fini par gagner. Les filles, si cela vous arrive, résistez ! Ne cédez pas. Ce sera votre victoire. Concentrez-vous sur vos études, restez dans votre coin s'il le faut, mais travaillez, bûchez, et vous progresserez. Je vous jure que ça les gonflera un maximum si vous continuez à mener votre vie tranquillement, en les ignorant et en décrochant des super notes, bien plus que si vous prenez vos jambes à votre cou.

Mais voilà, moi, à l'époque, je n'avais pas les épaules pour combattre les ragots. Et faut voir les rumeurs qu'on a fait circuler sur moi. Vous êtes assises ? Ça m'est tombé dessus du jour au lendemain, sans que je comprenne pourquoi. Des mecs de l'équipe de football de l'école ont commencé par raconter que j'avais couché avec l'un des joueurs, que j'étais une traînée. Vous imaginez ? À 10 ans ! Déjà que je n'étais pas en avance pour mon âge, mais là, c'était le pompon. Je n'étais qu'une enfant et on faisait circuler sur moi des choses affreuses. En plus, à ce moment-là, je ne pensais vraiment pas aux garçons. Je me trouvais trop jeune pour affronter le collège, je n'étais pas prête pour cette guerre des clans, les grands qui règnent sur l'établissement, les jeunes qu'on peut maltraiter, les canons, les nazes, et toi qui te sens différente et qui ne t'intègres dans aucun groupe… En plus, j'avais des boutons plein la tronche. Alors autant vous dire que même embrasser un mec ou lui tenir la main, je n'y pensais pas !

Mais voilà, l'équipe de foot s'en est mêlée. Le pire, c'est qu'ils ont commencé à raconter ces mensonges à leur entraîneur qui se trouvait être la mère d'une fille de ma classe, accessoirement ma meilleure amie. Du coup, vous imaginez les conséquences ? La mère a flippé, elle a interdit à sa fille de me fréquenter. J'avais beau dire que c'était faux, personne ne me croyait. Tout le monde s'en foutait en vérité. J'étais devenue la tête de turc de la classe. Vous vous rendez compte ? Toi t'es là, t'as jamais eu de mec et on commence à raconter des trucs de cul sur ton compte. Très vite, ça a fait le tour de la classe, puis de l'établissement tout entier. Autant vous dire que ma réputation était ruinée. Circulez, y'a rien à voir ! J'étais cataloguée comme la salope du collège. Le pire, c'est qu'ils ne s'en sont pas arrêtés là. Vous pensez bien, c'est pas drôle sinon. Tous les midis, ils me cherchaient des noises à la cantine. Un jour, les joueurs de l'équipe de foot m'ont balancé leur *Vache qui rit* à la figure. Et avec mon ex-meilleure amie, celle qui avait lancé la rumeur, on a failli se battre. Elle a débarqué à ma table – où je déjeunais toute seule, évidemment – et m'a lancé, menaçante, me balançant des coups de pied sous la table : « Je t'attends à 5 heures à la sortie pour qu'on se batte. » Vous savez, le collège c'est aussi l'époque où on ne règle pas ses comptes en *live*. Non, on attend la fin des cours. On fait les choses bien ! Mais moi, il n'était pas question que je me laisse faire. Elle croyait quoi, elle ? Qu'elle pouvait m'aborder comme ça, me menacer, que j'allais l'écouter bien sagement sans réagir ? Visiblement, elle ne me connaissait pas si bien que ça. CQFD ! Je suis sortie direct de la cantine et je me suis expliquée avec elle. Je n'allais pas rester muette, vous êtes d'accord ? Quand il t'arrive des choses pareilles, tu es obligée de réagir. Un peu de dignité, *please* !

Pour mettre fin à cette histoire, j'ai fini par en parler au directeur de l'école et il a réglé ça. Mais c'était trop tard, j'avais déjà raté mon année. Si je peux vous donner un conseil, n'hésitez pas à vous confier à un adulte si un problème de cette taille vous arrive au collège ou au lycée. Parlez-en à vos parents, au directeur ou à votre professeur principal, peu importe, mais ne gardez pas ça pour vous.

La bonne nouvelle, c'est qu'aujourd'hui, tout va bien ! Je réalise que l'on passe tous par là un jour ou l'autre. Il faut juste accepter l'ouragan quelque temps et le combattre. Le repousser petit à petit, avec force et détermination. C'est drôle, quand on est au collège on veut absolument être comme les autres, rentrer dans le moule. Puis quand on grandit, on s'aperçoit que la différence est une source de richesse. Être différent, c'est ce qui fait notre force, notre charme, notre aura. Je ne juge personne. J'accepte la vie comme elle vient. Certaines personnes peuvent être parfois malfaisantes et irresponsables. C'est comme ça. Personnellement, comme je viens de vous le dire, je préfère les ignorer et me concentrer sur les gens qui m'apportent du bonheur. La vie est trop courte pour que l'on s'encombre d'énergies négatives. D'ailleurs, il y a une chose révélatrice chez moi, je ne pleure jamais, ou alors seulement de joie. C'est fou, non ? Quand des filles me disent que mes vidéos embellissent leur quotidien et qu'elles y trouvent le bonheur, j'ai les larmes qui me montent aux yeux.

J'ai rencontré un jour une abonnée qui était tellement émue de me voir qu'elle en avait perdu la voix. Elle m'a fait un câlin et j'ai failli en pleurer d'émotion. Je me suis retenue, mais c'était dur ! Une autre fois, j'ai reçu un message d'une autre abonnée qui était coincée à l'hôpital. C'est l'un des messages qui m'a le plus touchée, je crois. Elle avait 12 ans et attendait tous les jours mes vidéos pour les regarder avec les infirmières. C'était son seul moment de bonheur. Comment voulez-vous rester insensible à ça ? C'est tellement émouvant. Dire qu'avant YouTube, je n'avais jamais pleuré de joie de ma vie ! C'est étrange, non ? N'allez pas croire que je n'ai pas de cœur, hein, c'est juste que YouTube m'apporte un flot d'émotions au quotidien. Oui, YouTube a dû déclencher quelque chose chez moi, libérer des blocages. Résultat, je passe mon temps à pleurer dès que je lis vos commentaires, dès que je vous croise dans la rue, dès qu'on me glisse quelque chose de touchant... Grâce à vous et à vos marques d'affection, je suis devenue une vraie fontaine !

Un jour – je m'en souviendrai toute ma vie, on était en voyage à New York avec Tanguy –, une abonnée de 10 ans croisée dans la rue m'est tombée dans les bras, super émue. Pour tout vous dire, elle nous avait couru après ! Toute tremblotante, elle m'a expliqué qu'elle regardait tout le temps mes vidéos. Elle n'arrivait même plus à parler. Moi non plus, du coup. J'étais sous le choc. Soudain, on a vu sa mère arriver.

Elle était agitée, et d'un air un peu théâtral elle m'a lancé : « Oh ! Noémie, Noémie, Noémie, j'en peux plus ! » Ça m'a fait marrer. Souvent, les parents me disent qu'ils n'en peuvent plus de moi, que leur fille est à fond. C'est super touchant. Le fait de savoir que les filles parlent tous les jours de moi à leurs parents et leur montrent mes vidéos me rend super fière. Bon, je ne suis pas naïve. Je sais bien que c'est aussi parce qu'elles souhaitent que leur mère leur achète les produits dont je parle. Après tout, c'est de bonne guerre. J'aurais fait pareil à leur place !

Comme vous le savez, j'expose une grosse partie de ma vie sur YouTube. Et donc j'expose aussi Tanguy, mon fiancé. C'est pour lui que je m'inquiète le plus. On peut m'insulter, me ruer de coups, me traîner plus bas que terre, je m'en fous. Mais toucher à mon mec, ne serait-ce qu'à un de ses cheveux, ça me rend hystérique. Surtout qu'en plus, il y tient beaucoup, à ses cheveux ! Je ne supporte pas que l'on s'attaque à mes proches. C'est épidermique. Mais bon, de manière générale, j'arrive à gérer et à me maîtriser. Une seule fois, quelqu'un a réussi à m'atteindre. Une fille m'avait posté un commentaire ambigu : *Attention, Noémie, dans la vie, rien n'est jamais acquis. Tu passeras le bonjour à Tang.* Genre : « Salut, Noémie, sache que je me fais ton mec. » Je suis devenue dingue. J'avais envie de lui répondre que le jour où Tanguy laissera quelqu'un l'appeler Tang n'est pas prêt d'arriver ! Au-delà de ça, venir m'attaquer sur le terrain de ma vie personnelle, toucher à mon couple, je trouve ça ignoble. Vous n'êtes pas d'accord ? Avec Tanguy, on est ensemble depuis huit ans, on est soudés, on s'aime, on se fait confiance à 1 000 %. Mais si ça n'avait pas été le cas, vous imaginez ce qui aurait pu se passer ? Ça aurait pu briser notre couple ! Et ça, à mes yeux, c'est impardonnable.

5

Et les amis, dans tout ça ?

Avec YouTube, ma vie s'est métamorphosée. Et pour tout vous dire, mon entourage aussi. Je n'ai plus les mêmes amis qu'avant. J'en ai perdu beaucoup en cours de route, malheureusement. Tanguy me rassure en m'expliquant que c'est normal. Avec l'âge on perd des amis, c'est comme ça. Bon, pas de quoi paniquer. Va juste falloir que je me fasse une raison…

À une époque, j'avais beaucoup d'amis garçons. Mais ça n'a jamais marché. Vous connaissez les mecs, ils commencent à vous fréquenter en tant que pote, mais au bout d'un moment ils en veulent plus. Ça devient toujours ambigu, ils prennent des attitudes habituelles pour des signes de séduction. Résultat : aujourd'hui, je n'ai plus aucun copain garçon. J'adorerais, pourtant, car j'apprécie leur côté « je te dis ce que je pense, prends-le comme tu veux mais je m'en fous ». Quand tu parles de tes problèmes à un mec, il ne prend jamais de pincettes pour te répondre. C'est cash, direct. Même si ses propos sont blessants, il te les balance. Avec eux, pas de coups dans le dos ni de « j'explose au bout de six mois car j'ai tout gardé pour moi ». C'est rafraîchissant. Heureusement, je retrouve cette relation avec Tanguy. Il est à la fois mon amoureux et mon meilleur ami. Je n'ai aucun secret pour lui. On partage tout. L'automne dernier, il a dû s'arrêter de travailler pendant deux semaines pour des raisons de santé et il a regardé sur YouTube tous nos vlogs. Je l'entendais se marrer toute la journée. C'est pas le plus beau des cadeaux, ça ?

D'une manière générale, tous mes proches me soutiennent à fond dans mon aventure YouTube. Ils me motivent, m'aident. J'ai des copines qui viennent parfois m'aider à me filmer et qui apparaissent de temps en temps dans mes vlogs. Je ne dis pas que tout mon entourage regarde mes vidéos, mais beaucoup sont là, à côté de moi, à m'encourager, me féliciter. Ça me fait un bien fou. Mais comme je vous le disais, il y a aussi ceux qui n'ont pas supporté que je sois heureuse et épanouie. Ceux que j'ai perdus par jalousie quand ils ont vu que ça marchait bien pour moi et que je faisais de belles choses. Des copines, surtout. Elles ont commencé à faire des histoires dans mon dos, à critiquer mon comportement, à raconter que je les délaissais au profit de mes amies youtubeuses. J'ai trouvé ça terriblement injuste et triste. Du coup, en amitié, je suis devenue un peu fermée. Je me rends compte qu'il est difficile de faire confiance à quelqu'un, et que plus ta vie est belle plus tes amis s'éloignent de toi. J'ai perdu récemment l'une de mes meilleures copines. Elle n'était pas heureuse pour moi. Elle aurait voulu que je me plante. Ce n'est pas ça, l'amitié ! Pour moi, c'est mort ! Allez, salut, et ne reviens pas ! Le pire, c'est que ces gens-là finissent toujours pas revenir un jour ou l'autre. Mais moi, quand c'est fini, c'est fini. Je ne reviens pas en arrière, je ne me retourne pas sur les gens qui m'ont blessée et qui ne veulent pas mon bonheur. Comment voulez-vous leur faire confiance ? C'est impossible.

Vous allez croire que je vois tout en noir. Pas du tout ! Au contraire. La bonne nouvelle, c'est que YouTube m'a permis de faire le tri, de ne m'entourer que de personnes qui me sont bénéfiques et de découvrir des filles extraordinaires qui sont devenues indispensables à ma vie. Parmi elles, mon amie Audrey. Un humour à décorner un taureau, la gentillesse à fleur de peau, beaucoup de talent, de l'autodérision, comme j'aime. Et, je ne vous le cache pas, aujourd'hui l'une de mes meilleures amies. Avec Audrey, on se comprend parfaitement parce qu'on vit dans le même monde, on partage le même quotidien. J'ai déniché sur YouTube une amie incroyable et franchement, je ne pensais pas ça possible.

Toutes les deux, on s'est rencontrées il y a quelques années. Audrey m'avait invitée à un événement en Espagne où elle pouvait amener plusieurs youtubeuses avec elle. C'était organisé par un laboratoire. Quand je lui ai répondu que sa proposition m'intéressait, elle m'a appelée. On est restées quatre heures au téléphone alors que je lui parlais pour la première fois. Je ne connaissais rien d'elle à part ce qu'elle confiait dans ses vidéos. Bon, O.K., ça faisait des années que je la suivais sur YouTube et que je l'adorais, j'avais donc quelques petites infos. Mais quand même ! Quand je l'ai vue en Espagne, on a eu un coup de foudre amical dès le premier regard. On est immédiatement devenues inséparables. Ça ne m'était pas arrivé depuis des années. On se voit peu du fait de notre éloignement géographique, mais on s'appelle tous les jours. J'ai remarqué que c'est assez fréquent de nouer de fortes amitiés avec des gens qui vivent loin de nous. En plus, Audrey et moi, on est de vraies pipelettes. Parfois, elle me dit : « Bon, on est overbookées toutes les deux alors on ne reste pas trop longtemps au téléphone, O.K. ? » Et on passe une demi-heure à papoter… On n'arrive pas à se restreindre. Je suis tellement heureuse de l'avoir dans ma vie. Partager la même passion avec quelqu'un, avoir les mêmes envies, c'est tellement rare... Je vous souhaite à toutes de faire une telle rencontre au moins une fois dans votre existence. Une âme sœur qui ne vous juge jamais et qui, dès qu'elle prononce un mot, vous donne le sourire.

Je suis allée passer quelques jours chez elle en Belgique, à l'automne dernier. Inoubliable ! D'abord parce qu'on a réussi l'exploit de se mettre à dos le zombie d'un parc d'attraction. Pas mal, non ? Je vous rassure, ce n'était pas un vrai zombie. En fait, c'était le soir d'Halloween, on avait débarqué toutes les deux en mode « surexcité » dans le parc. À l'intérieur, il y avait des maisons hantées, un genre de train-fantôme, mais avec des zombies. Tout d'un coup, un mec nous a sauté dessus pour nous faire peur. Sauf que la plaisanterie est tombée à plat. Audrey s'est approchée de lui et a commencé à s'exclamer, lui disant qu'il ressemblait comme deux gouttes d'eau à un youtubeur qu'elle connaît. C'est un peu le problème avec les fans de la série *The Walking Dead* (meilleure série *EVER*, non ?), on ne se laisse pas facilement perturber par des morts vivants ! En tous cas, le mec s'est vexé illico. Il ne voulait plus nous laisser sortir de la baraque. Genre petite vengeance à deux balles. Dès qu'on parlait, il répétait toutes nos phrases sur un ton super méchant. On rêve, non ? C'est nouveau, ça, un zombie caractériel ! Au final, franchement, il nous a bousillé notre délire. Mais en sortant, on s'est bien marrées avec Audrey en rejouant la scène.

Mais le pire, c'est pas ça. Non ! Le pire, vous l'avez peut-être vu en vidéo. On a mangé des insectes avec Audrey… Beurk ! Rien que d'y penser, ça me donne la nausée. C'était tellement dégueulasse, je vous jure. Franchement, à moins que ce soit une question de vie ou de mort, que vous êtes perdu dans le désert avec rien d'autre à croquer, je ne vous conseille pas de vous faire griller un scorpion ou un scarabée. Ça croustille sous la dent, ça pue, et parfois même ça se réhydrate dans la bouche. L'horreur ! Bref, sauve qui peut ! En plus, cette histoire a commencé sur un malentendu. On cherchait une idée de vidéo originale, un truc différent du thème de la beauté. On voulait sortir de l'éternelle vidéo chamallow où tu remplis ta bouche de guimauve et répètes « *chebybunny* » autant de fois que tu le peux, jusqu'à ce que tu n'arrives plus à le dire et que t'as perdu. Audrey m'a proposé de manger des insectes en pensant que je dirais non. Sauf que, pas de bol, j'ai accepté de relever le défi. Et là, elle s'est décomposée en mode : « Merde ! Je pensais que t'allais refuser. C'est une blague ? Toi qui ne peux pas avaler un bout de camembert sous peine de faire un malaise, tu vas vraiment manger des insectes???» Moi, j'ai tenu bon. Du coup, par fierté, on a décidé de le faire. Mon Dieu, qu'est-ce que j'avais pas accepté?

J'ai pensé que je n'allais pas survivre à cette vidéo! En plus, le tournage a duré des plombes. Au moins deux heures. On a tellement galéré! Au menu, donc, il y avait des scorpions énormes. On a coupé les pattes et croqué dedans. C'était immonde, et le goût hyper fort. Mais franchement, ce n'était pas le pire. Vous connaissez le ver de bambou? C'est un genre de millepattes juteux. Au secours! Et le scarabée rhinocéros? Paraît que ces bestioles comportent plein de bienfaits et un max de vitamines. Euh... O.K., mais faut les chercher, et sous la carapace, s'il vous plaît! On a coupé un bout d'abdomen. On l'a dépiauté comme une crevette. On a attrapé un couteau et une fourchette façon restaurant gastronomique. On a goûté un morceau et on a couru dans la salle de bains. C'était tellement immonde, les filles! Quelques heures plus tard, je prenais l'avion. Autant vous dire que je n'étais pas au top. Je sentais qu'il y avait un truc bizarre dans mon corps, comme une gêne. Mais bon, comparé à Audrey, ça allait. Je crois qu'elle, elle a été bien patraque.

On fait parfois des trucs bizarres par amitié. Moi, mon problème, c'est qu'il m'arrive de filer des addictions à mes copines. Ça vous arrive à vous aussi ? Franchement, c'est flippant. Je ne vous ai pas encore parlé de mon amie Samantha. C'est l'une de mes meilleures amies avec Audrey. Elle, je l'ai transformée sans le vouloir en gel douche *addict*, bougie *addict* et make-up *addict*. Allez comprendre ! Étonnant, non ? Samantha, je l'ai rencontrée il y a quatre ans grâce à une amie commune. Elle et moi, c'est le jour et la nuit. On est aux antipodes. C'est peut-être pour ça qu'on s'entend si bien. On se complète, on s'équilibre. C'est la fille la plus attentionnée que je connaisse. Parfois, elle prend des photos du plat qu'elle est en train de manger et me les envoie avec un mot : « Si jamais tu as besoin de poster une photo sur Instagram. » C'est mignon ! Elle est tellement bienveillante et si engagée par rapport à ma communauté. Je crois que c'est ce qui me touche le plus. Elle me demande toujours si j'ai besoin de faire du shopping pour une future vidéo, si elle peut me filer un coup de main.

On se voit deux fois par semaine au resto, histoire de papoter et de débriefer nos vies. Elle trouve que je dépense trop. Bon, je ne peux pas totalement lui donner tort. À chaque fois qu'on se retrouve, elle me prend entre quatre yeux et me fait une leçon de morale. Elle me dit : « J'ai l'impression que tu ne te mettras jamais aucune limite. » Moi, je lui réponds que c'est mon job.

O.K., c'est un peu facile comme argument, et d'ailleurs, on ne peut pas vraiment dire que ça l'ait convaincue. Elle n'a toujours pas compris que je puisse dépenser autant et dans tout. Alors je rétorque : « Oui, mais j'aime tout, alors forcément, c'est compliqué. Tu comprends ? » Ben non, là encore, c'est un coup d'épée dans l'eau. Appel rejeté ! Je plaide coupable. *Shopping addict* je suis, *shopping addict* je resterai. Amen !

Elle et moi, ça n'a pas été immédiat. La première fois que je l'ai vue, je me suis dit : « Où est-ce que je suis tombée ? C'est quoi cette folle ? » C'était bête comme réaction. Mais je ne sais pas, ce jour-là je devais être mal lunée. Samantha, c'est une fille qui s'apprivoise. Une fille qui gagne à être connue, que tu ne peux plus lâcher une fois que tu as creusé et compris qui elle était. Elle est toujours là. Si je l'appelle à 2 heures du matin, elle répond présent. Elle prend soin de moi. C'est rare les gens comme ça. Tellement précieux. Je peux tout lui dire, j'ai une confiance aveugle en elle. C'est la fille la plus fiable au monde.

C'est drôle, mes deux meilleures amies ont des caractères totalement opposés. L'une est hyper calme et hyper posée. L'autre est délirante, comme moi. Je pense que ce que Samantha aime chez moi, c'est que je l'aide à lâcher prise. Je lui apporte un côté fun, un peu d'insouciance. Peut-être trop, quand j'y pense. Comme je vous le disais, le problème, c'est que je lui ai collé des addictions. Sympa, la copine, hein ? Il faut avouer qu'elle prend beaucoup plus soin d'elle depuis que je la connais. Ça, on pourrait dire que c'est le côté positif. Sauf que, parfois, elle est encore plus extrême que moi. Vous voulez un exemple ? Eh bien elle achète des brumes et des gels douche par dizaines. Elle doit avoir cinquante gels douche et vingt brumes en stock chez elle. Ses placards sont remplis de cartons entiers. Mais attention, elle n'achète pas ça dans la boutique du coin. Non, elle va carrément les acheter en Andorre, à la frontière espagnole, en format *king size*. Je précise qu'elle vit en Provence ! C'est pas délirant, ça ? Ah oui, elle est aussi devenue accro aux bougies (bon, là, je me sens un peu responsable, je l'avoue) et elle a développé une passion pour les dentifrices. Elle possède une dizaine de tubes d'avance dans sa salle de bains. Alors là, je ne comprends pas. Ça ne vient pas de moi, ça ! Avant de découvrir le monde de YouTube, elle n'était pas du tout comme ça. Je vous le jure, les filles ! Avant, elle ne se maquillait pas. Même pas un coup de rimmel ou un gloss transparent. Rien ! Avant YouTube (ou avant moi ?), elle n'avait qu'un seul gel douche posé sur sa baignoire et elle ignorait les différentes bases de fond de teint. Mais ça, c'était avant…

Je ne peux pas conclure ce chapitre sur l'amitié sans vous parler de mes chats. Ceux qui ont des animaux comprendront. C'est fou ce qu'on peut s'attacher à eux. Ce sont nos compagnons, nos amis. Ils nous réconfortent, nous frôlent quand ils font la tête, nous font des câlins quand on leur manque, bondissent quand on les rend heureux, grognent quand on les gonfle. Jusque-là, vous voyez une différence avec un être humain ? Bon, d'accord, peut-être que les bonds c'est un peu trop, quoi que…

J'ai toujours eu des chats, depuis toute petite. Ils partaient tous les uns après les autres. Dès qu'ils fuyaient la maison, mes parents en prenaient un autre. Le seul chat qui ne m'a jamais quittée, c'est Minette. C'était une chatte noire, toute petite, toute mince. J'ai vécu avec elle pendant dix-sept ans, vous imaginez ? C'était mon premier chat. Elle a tout vu avec moi, mon enfance, mon adolescence, mes crises de nerfs, mes coups de cœur, mon entrée dans la vie adulte. Quand elle faisait des bébés, on en gardait un et on donnait les autres. Fallait la voir. Elle était plutôt caractérielle comme chatte. Dès que ses petits devenaient assez grands et qu'ils pouvaient prendre soin d'eux tout seuls, elle les foutait dehors. Un peu garce, la Minette, je l'avoue ! Et pourtant, il ne se passe pas un jour sans que je pense à elle. Je l'ai eue avec moi les trois-quarts de ma vie. Alors forcément, c'est un vide immense. Elle me manquera toujours. En plus, elle dormait dans mes bras toutes les nuits. Vous imaginez ? On a dormi ensemble pendant dix-sept ans. La journée elle sortait, elle était super indépendante, comme tous les chats. Parfois je la voyais à peine, elle ne me calculait pas. Sympa, Minette ! Mais elle rentrait tous les soirs pour dormir dans mes bras. C'est beau, non ?

Et puis quand on a déménagé à Gap, on a eu Bobby, qui était plus le chat de Tanguy à vrai dire. C'était un chat abandonné qu'on avait récupéré. Bobby, c'était un égoïste XXL. Parfois, il disparaissait pendant deux semaines sans état d'âme, sûrement pour voir si l'herbe était plus verte ailleurs. Quand il revenait, j'aurais dû l'engueuler, histoire de marquer le coup. Mais non, j'étais tellement contente de le voir que je le prenais dans les bras pour le câliner ! Qu'est-ce que vous voulez qu'il y comprenne quelque chose ? Je sais, c'est pas terrible comme méthode de dressage.

Le problème, c'est que Minette et lui ne pouvaient pas se blairer. Ils se battaient tout le temps. Elle lui arrachait les poils et lui, en mesure de rétorsion, il lui collait des coups de pattes. Bonjour l'ambiance ! On ne pouvait pas les laisser dans la même pièce, ou alors on aurait retrouvé notre salon en lambeaux, et nos chats avec. Bobby, c'était un phénomène. Il était tellement capricieux, fallait voir. Par exemple il se barrait tout le temps. Il sautait du toit en retombant toujours sur ses pattes. Ah, pour ça, il n'avait pas besoin de nous ! En revanche, quand il voulait remonter, c'était une autre affaire. On l'entendait miauler, presque hurler pour qu'on aille le récupérer dans le jardin et qu'on le porte jusqu'à l'appartement. Quel feignant ! C'est ça, les félins modernes ? Tout se perd, je vous le dis.

Un jour, Minette a commencé à se comporter bizarrement. Elle s'est mise à marcher les yeux fermés, à tanguer, puis est tombée au sol. Sur le coup, j'ai été vraiment très inquiète. Mais au bout de quelques secondes elle allait parfaitement bien, et elle est repartie de plus belle ! Alors je ne me suis pas emballée. Sauf que deux jours plus tard, on ne l'a plus revue. Je me souviendrai toute ma vie du jour de sa disparition, ou plutôt devrais-je dire la nuit. Lorsque je me suis réveillée ce matin-là, elle n'était pas dans mes bras. J'ai tout de suite appelé Tanguy. Je savais qu'il s'était passé quelque chose de grave. Une heure plus tard, elle n'était toujours pas rentrée à la maison et là, j'ai senti qu'elle ne reviendrait plus jamais. On dit que les chats partent mourir seuls. Je crois que c'est ce qu'elle a fait.

Quand elle a disparu, ça m'a rendue malade. Je n'arrivais pas à penser à autre chose, ni à passer à autre chose d'ailleurs. C'est comme si on m'avait enlevé une partie de moi. J'ai mis des affiches partout. J'ignorais si elle était morte ou si quelqu'un l'avait recueillie. Je l'ai cherchée pendant des mois. J'ai sillonné toutes les routes pour m'assurer qu'elle n'avait pas été écrasée. Je suis allée voir les voisins, évidemment. Un jour, l'un d'entre eux m'a donné un faux espoir. Il m'a dit qu'il avait aperçu mon chat, que le propriétaire d'un magasin près de notre immeuble l'avait recueilli. J'ai foncé là-bas, folle de joie, mais le commerçant m'a dit qu'il n'était pas sûr qu'il s'agisse de Minette et que de toute façon, le chat n'avait fait que passer, à peine vingt-quatre heures, et qu'ensuite il ne l'avait plus jamais revu. Vous imaginez ma déconvenue ? J'étais la tristesse incarnée. Sur le coup, ça m'a rendue complètement parano. Accrochez-vous bien, je me suis mis en tête que le commerçant séquestrait mon chat et qu'il ne voulait pas me le rendre. Oui, oui, carrément ! Je crois que j'ai vu trop de films d'horreurs dans ma vie… Alors en miss Columbo qui se respecte, quand le propriétaire de la boutique filait au travail, je courais jusqu'à chez lui, je collais mon oreille à sa porte, même à ses fenêtres, et j'écoutais pour voir si j'entendais des miaulements. Espionne malgré moi, j'étais en mission pour retrouver Minette. Bon, O.K., on se rapproche plus de Mister Bean que de James Bond, mais j'étais prête à tout. Et tout le monde n'a pas la chance d'avoir été formé au MI5 !

La disparition de Minette a été le coup de grâce. Bobby était mort quatre mois plus tôt d'une infection pulmonaire, dans des circonstances qui nous avaient vraiment traumatisés Tanguy et moi. On était partis en week-end. À notre retour, il était allongé sur le sol, inerte. On a cherché un vétérinaire ouvert un dimanche et on a foncé chez lui. Mais notre Bobby n'a pas tenu le coup. Quand on l'a déplacé pour le mettre dans la voiture, il s'est mis à nous attaquer et à nous griffer. Ça devait lui faire trop mal. Il s'est éteint quand on était encore sur la route. Je m'en rappellerai toute ma vie. Comment veux-tu reprendre un chat après ça ? On n'en est pas encore guéris avec Tanguy. Ça nous a fait tellement de peine.

Tous les matins, Bobby et Tanguy avaient leur rituel. Ils prenaient leur petit déjeuner ensemble, Bobby finissait la Danette de Tanguy en léchant le fond du pot. Moi aussi j'avais mes habitudes avec Minette. Chaque jour, elle se plantait face à moi, avançait la tête pour que je l'embrasse, puis elle filait. Parfois, un animal t'apporte beaucoup plus qu'un être humain. C'est une présence, oui, presque ton meilleur ami. C'est même parfois plus sincère qu'un être humain. Un animal ne fait pas semblant. Il est cash, impulsif, instinctif.

Quoique… Récemment, j'ai lu une étude sur les chats menée par le zoo du Bronx, à New York, et l'université d'Édimbourg, en Écosse, et ça m'a bien foutu les boules ! Il paraît que les chats ne sont pas ce qu'ils prétendent être, qu'ils seraient en réalité des meurtriers en puissance, attendant le moment idéal pour mettre fin à nos jours. Si j'ai bien tout compris, ils ont mené cette étude sur des chats domestiques et sur différents types de félins sauvages en essayant de décortiquer leur personnalité et de comprendre à quel point ils ont conscience d'eux-mêmes. S'ils sont extravertis par exemple, ou agréables, ou encore névrotiques. Bref, toujours est-il que, d'après les conclusions des chercheurs, les chats auraient des traits similaires aux lions africains en terme de personnalité, une tendance à la domination, à l'impulsivité ou à la névrose. En gros, s'ils pouvaient nous dévorer, ils le feraient ! Bon, forcément, dit comme ça, ça ne ressemble pas vraiment au meilleur ami de l'homme. Mais Minette, elle, n'a jamais cherché à m'enterrer vivante. Elle a passé sa vie à me faire des câlins, à m'attendre dans ma chambre, à me consoler quand j'allais mal, et à me faire rire. Quant à Bobby, c'était notre rayon de soleil, le maître de la maison, le seigneur des lieux. Minette et Bobby étaient bien plus que de simples chats. Ils étaient un prolongement de nous.

6

Je suis une shopping addict

Oui, les filles, je confesse, je suis une *shopping addict*. Voilà, c'est dit. Je l'avoue, j'ai du mal à me retenir quand j'entre dans une boutique. Le pire, c'est que je me déculpabilise en me répétant que ça fait partie de mon job. On est d'accord, toutes les excuses sont bonnes quand on repère la veste que l'on cherche depuis un an ou le jean qui épouse parfaitement vos formes. Vous ne me contredirez pas, non ? Mon péché mignon, ce sont les chaussures. Là, tenter de me raisonner revient à essayer d'attraper un éléphant avec une canne à pêche. Pour résumer, c'est impossible. Quand je repère une paire, je ne me dis pas : « Noémie, passe ton chemin, tu as déjà pratiquement les mêmes. » Non ! Je pense plutôt : « Cool ! Je vais pouvoir les porter avec telle ou telle tenue et les présenter à mes abonnées. » Vous voyez l'étendue du désastre… Moi, l'inconditionnelle de Louboutin. Vous ne trouvez pas que ses souliers sont de véritables œuvres d'art ? Heureusement que je supporte mal les talons hauts. Les stilettos, c'est uniquement pour les occasions, et encore… Mon conseil : avoir impérativement une paire de ballerines avec soi. Car en matière de talons hauts, il y a toujours un moment où l'on a mal aux pieds. À Cannes, l'année dernière, j'ai porté une robe de soirée avec des Bensimon aux pieds. Les gens me disaient, atterrés : « Mais pourquoi tu portes ces baskets pourries avec une si belle robe ? » Je m'en foutais. Même si j'adore la mode, j'arrive à me détacher du regard des autres.

Je suis évidemment un très mauvais exemple pour mes copines. Quand elles font du shopping avec moi, elles achètent beaucoup plus que de raison. Je les entraîne dans un engrenage infernal. Quand elles me demandent mon avis, je repère immédiatement comment elles pourraient assortir les pièces pour lesquelles elles craquent. Et notre séance shopping se termine toujours de la même façon : elles finissent par acheter tout ce qu'elles essayent et se promettent de ne plus jamais faire les boutiques avec moi. Bon, attention, je ne fais pas les magasins toutes les semaines ! Je n'ai pas le temps. Mais il est vrai que lorsque je m'organise une virée, je ne me contente pas d'entrer dans un ou deux magasins. Ça dure toute la journée. Et c'est l'anarchie, je rentre chez moi avec les mains encombrées de sacs. D'autant que j'ai une petite obsession, je déteste faire la queue aux caisses pour un seul article. J'ai l'impression de perdre mon temps. J'ai pas raison ? Évidemment, vous devez vous dire que dans ce cas-là elle n'a qu'à faire comme tout le monde, reposer l'article qu'elle a en main, quitter la boutique tout en se promettant de revenir un autre jour, quand il y aura moins de monde. Oui… mais non ! En fait, je repasse dans les rayons, j'attrape plein de fringues supplémentaires. Des fringues qui me plaisent, j'entends, que j'avais repérées et pour lesquelles je m'étais raisonnée quelques minutes plus tôt, et qui finissent toutes dans mes bras ! Dans la foulée, je me remets donc dans la queue les bras chargés de vêtements. Et comme ça, j'ai l'impression que je n'attends pas pour rien. C'est grave, docteur ?

Dernièrement, j'ai vidé la moitié de mon dressing. Ça débordait de partout. Une catastrophe ! Il me reste encore une cinquantaine de paires de chaussures. Avant le tri, j'en avais quatre-vingts. Vous voyez, je ne vous mens pas, je suis vraiment obsessionnelle. J'avais sur mes étagères une quarantaine de jeans. Les robes et les jupes, je ne les compte même pas ! Bref, trop de tout. Les basiques, je les ai parfois en double, voire en triple, histoire d'avoir du *back-up* quand ils sont sales. Mais bon, je parle de tee-shirts à quatre euros, pas des pièces chères. Il n'empêche que j'ai un problème, et là-dessus on est d'accord : je suis une acheteuse compulsive. Mais je fais régulièrement le tri et je donne tout ce que je peux à Emmaüs. Ça me tient à cœur, car je reçois tellement de produits que je culpabilise. C'est important pour moi de redistribuer mes affaires à des gens qui sont dans le besoin. Même si je suis une *shopping addict*, je suis le genre de fille qui ne laisse pas couler l'eau quand elle se brosse les dents, qui juge essentiel de rendre ce qu'on lui a donné et de prendre soin des plus pauvres. Alors régulièrement, j'écume ma garde-robe et je me débarrasse du superflu. Évidemment, je conserve précieusement quelques basiques, un jegging noir, une paire de bottines camel ou noires avec un talon bas et large, et, bien sûr, un perfecto. Car le perfecto, c'est un indispensable. Ça va avec tout, les jeans, les robes de soirées... Tout ! Autre indispensable : les cuissardes. Jusqu'à cette année, je me suis toujours interdit d'en porter. Quand on est petite comme moi et qu'on n'a pas les jambes épaisses, ça flotte. Bref, ça ne convient pas. Sauf que maintenant, alléluia, ils ont fait des cuissardes dans des matières moins rigides et qui s'adaptent parfaitement à ma constitution. Petit conseil en passant, si vous êtes petites, comme moi, optez pour des cuissardes en tissu, ou en cuir ou faux cuir retourné, ou même en suédine. Ces matières épousent les formes. Même si vous ne les remplissez pas totalement, ça ne se verra pas, et en plus c'est tendance. Bingo !

Autre basique : le pantalon taille haute. Parce qu'il va à tout le monde, qu'il allonge les jambes et marque la taille. Ça vous donne un air de gazelle, ça affine la silhouette, bref, c'est l'indispensable que l'on peut mettre avec des baskets ou des chaussures à talons. En hiver, j'adore porter des pulls ultra confortables et « moumoutés ». Vous savez, ces pulls bien larges dans lesquels on se sent si bien, qu'on peut porter avec un pantalon, moulant bien sûr, et une paire de bottines. L'été, j'opte pour les robes et les combi-shorts. Franchement, c'est la tenue miracle. Tu n'as plus qu'à accessoiriser avec un collier et ta montre de tous les jours, chausser des spartiates (optez pour les montantes, elles sont trop belles), et tu es la grâce incarnée.

Après, il existe aussi des basiques haute couture. Vous savez, ceux qui durent toute une vie, ces indémodables qui traversent les années et les époques sans prendre une ride, sans jamais faire *has been*. Dans l'esprit, je rêve de m'offrir un sac Chanel matelassé noir. C'est cher, mais c'est un classique que l'on garde jusqu'à sa mort et que l'on peut porter quelque soit son âge avec une intense élégance. Je m'en achèterai un, un jour, et je le choierai toute ma vie, j'en prendrai soin comme de la prunelle de mes yeux. Forcé ! Et puis, je vous en ai déjà parlé, il y a aussi les Louboutin. Je passe ma vie sur le site Internet de la marque. C'est fou ! J'ai envie d'acheter toutes leurs chaussures, tout le temps. La paire de talons à semelle rouge, c'est vraiment un incontournable. Mais bon, payer des chaussures aussi cher pour ne jamais les porter... Promis juré, je me maîtrise à 90 %. Il faut bien être raisonnable de temps en temps, vous ne croyez pas ?

Pour tout vous avouer, cela m'arrive plus souvent que vous pouvez le penser. La preuve : j'adore par exemple la marque Tiffany and Co. Franchement, leurs bijoux sont sublimes. Eh bien vous n'allez peut-être pas me croire, mais je m'empêche de mettre un pied dans leur boutique. Eh oui ! Vous avez vu le self-control incroyable dont je fais preuve ? Je peux passer devant, admirer la vitrine, mais je ne rentre jamais à l'intérieur. Je reste à distance. C'est fort, non ? Le truc, c'est que je sais ce que je veux, mais je sais aussi que si je rentre je ne pourrai pas me maîtriser et je vais l'acheter. Par exemple ce collier doré doté d'un cadenas en forme de cœur, vous voyez cette petite merveille ? Eh bien ça fait deux ans que je l'ai repéré et deux ans que je ne fais rien. Maîtrise totale. Mais immense frustration, je ne vous cache pas.

Du coup, j'en ai quand même parlé à Tanguy. On ne sait jamais, au cas où il chercherait des idées de cadeaux, ça vaut le coup de l'aiguiller…

Je suis aussi complètement *addict* à la marque Victoria's Secret. J'adore voir les défilés. Bon, j'avoue qu'au bout d'un moment, je ne sais plus trop si je regarde pour la lingerie ou pour les mannequins. Elles sont tellement canons qu'elles te donnent des complexes. Et puis, vous avez vu, elles ont toutes une crinière de lionne. Des cheveux de fous ! Je suis allée jusqu'à me ruer dans une boutique Victoria Secret à Londres pour acheter un shampoing, un après-shampoing et un sérum pour avoir les mêmes cheveux qu'elles. Bon, fausse joie, ça n'a pas marché. Mais au moins, ça sent bon, je n'ai pas tout perdu. On est d'accord, on se console comme on peut… Et puis, en cas de coup de blues, je vais faire un tour dans mon dressing et je me sens tout de suite mieux !

Mes copines aussi adorent mon dressing. Elles viennent tout le temps fouiner dedans et repartent parfois avec un sac plein. Quant aux potes de Tanguy qui passent à la maison, ils me prennent pour une folle. Ça les dépasse. Heureusement, mon amoureux, lui, ça lui plaît de me voir m'apprêter, de me découvrir sans cesse dans de nouvelles tenues. Il adore rentrer le soir et me voir afficher un nouveau look. Je me souviens encore du jour où je m'étais fait couper les cheveux. Je ne l'avais pas prévenu. Quand il est rentré à la maison après le travail, il m'a regardée, bouche bée, et m'a lancé : « Mais pourquoi t'as fait ça ? » Il était sidéré. Je n'avais jamais eu les cheveux aussi courts. Il savait qu'y toucher était un sacrilège. Limite un crime passible de prison à perpet'. Il faut dire qu'il me voyait toujours déprimer à chaque fois que je me coupais un peu les cheveux. Cinq centimètres et c'était la fin du monde, je courais m'acheter des extensions. Mais là, j'avais sauté le pas sans crise de larmes ni hystérie. Un miracle. Plus tard, il m'a confié qu'il avait eu l'impression de découvrir une nouvelle femme.

La seule chose qui l'énerve, c'est le temps que je passe à me préparer. Quand on a une soirée, je reste deux heures dans mon dressing. C'est excessif, je sais, d'autant plus que je nous mets systématiquement en retard. Mais honnêtement, les filles, je suis sûre que vous êtes comme moi. Je m'éclate, je fouille dans mon tiroir de maquillage à la recherche d'un nouveau rouge à lèvres, d'un nouveau fard à paupières. Je teste plein de choses. Mais là encore, je vous rassure, je fais un travail sur moi et il y a des soirs où j'essaie de me préparer au plus vite, histoire de ne pas exaspérer Tanguy.

Oui, je suis une *shopping addict* mais je me soigne. Je ne suis pas malade au point de mettre mon compte en banque dans le rouge pour assouvir une envie, comme l'héroïne du film *Confessions d'une accro du shopping*. Le seul produit pour lequel c'est devenu pathologique, c'est le vernis à ongles. Dès que je sors de chez moi j'en achète un. Une virée chez Monop' ? Et c'est un vernis à ongles de plus ! Le prix n'est pas très élevé alors je peine à me refréner. Mais quand je rentre et que je réalise que j'en ai quatre cents sur les étagères, je m'engueule sévère !

Je ne sais pas non plus résister à un mug ou à de la papeterie. Je n'arrête pas d'en acheter, en magasin ou sur Internet. C'est presque compulsif. Chez moi, j'ai de la papeterie dans tous les coins encore emballée. Pareil pour les mugs. Je suis arrivée à un point où je manque de place dans mes placards et où je suis carrément obligée de jeter des mugs plus anciens pour faire de l'espace. Oui, je sais, là, on frôle l'absurde ! Mais que voulez-vous que je vous dise ? Mes mugs Mr. Wonderful me mettent de bonne humeur le matin. Ils portent tous des inscriptions positives. Ça me permet de commencer la journée dans la joie. Mes deux inscriptions préférées ? « Un rêve ne demande qu'à être réalisé » et « C'est un bon jour pour sourire ». Côté papeterie, je suis aussi accro à la marque Mr. Wonderful, que j'ai d'ailleurs découverte grâce à YouTube. C'est une marque qui prône la *positive attitude*, et ça me ressemble bien. J'ai reçu un cahier « aux supers pouvoirs pour faire surgir de bonnes idées », un calendrier « 365 jours pour décrocher la lune », et un album de voyages contenant des feuilles où noter ses péripéties (il va être bien rempli, celui-là !) qui s'appelle « album d'éclats de rire, de paysages exotiques, de siestes à rallonge et de nuits étoilées ». C'est joli, non ?

Si je réfléchis bien, je me demande quel est le plus gros de mes problèmes. La papeterie, les mugs, ou les cosmétiques ? Hum… Non. Plutôt les brumes pour le corps, ou les gels douche ! J'en possédais une cinquantaine et j'en ai donné la moitié. Le comble, c'est que je fais de l'eczéma et que je ne peux pas mettre n'importe quel produit sur ma peau. Je me suis aussi débarrassée de la moitié de mon maquillage. C'était plus possible. J'avais presque trois cents rouges à lèvres. Je me suis rendu compte qu'avoir dix rouges à lèvres identiques, c'était débile ! Mais voilà, j'ai du mal à résister à une nouveauté, surtout si c'est un rouge de chez Yves Saint-Laurent. C'est ça, ma vie de youtubeuse, je reçois beaucoup et j'achète beaucoup. J'ai dû ajouter deux nouveaux meubles pour pouvoir ranger tous mes produits cosmétiques. C'est pas complètement dingue, ça ? Bon, en même temps, c'est pas vraiment nouveau. Je n'ai jamais été le genre de fille qui se contente d'une seule trousse à maquillage.

J'ai toujours eu la passion du maquillage. Je la tiens de ma grand-mère chez qui je passais beaucoup de temps quand j'étais enfant. Dès qu'elle sortait, elle mettait toujours du mascara et du rouge à lèvres. Elle a toujours été coquette, et je l'ai toujours vue munie de sa trousse de maquillage. Elle m'a transmis ça. D'ailleurs, elle m'a offert un pinceau blush il y a dix ans que j'ai toujours. Il trône au milieu des autres, bien plus neufs, et je n'arrive pas à le jeter. Ma mère, elle, n'était pas branchée maquillage. Mais elle m'a inculqué une autre forme d'élégance : le respect sous toutes ses formes, et le savoir-vivre. Notamment ne pas mettre ses chaussures sur le lit ! Ça me choque quand je vois quelqu'un le faire. Je me dis : « Sérieux, il a marché dehors, il a la syphilis sous ses baskets et il grimpe sur son lit ! Beurk… » Mon père, lui, m'a enseigné la discipline, la nécessité de se remettre constamment en question et le sens de l'entreprenariat. Il a toujours monté des sociétés. Une bijouterie, une poissonnerie, un Vidéo Futur, des restaurants… Mes parents ont pris des risques toute leur vie. Pour ça, je suis leur digne héritière. Ils m'ont appris à me débrouiller seule. Je suis indépendante depuis l'âge de 16 ans. C'est grâce à ça que j'arrive à mener ma barque. D'ailleurs, mon frère, il est pareil. La journée, il est plombier dans un hôpital, et à côté de ça il a monté une entreprise de meubles. Vous voyez, on a tous chopé le virus dans la famille. On s'est tous fait touts seuls.

Mais je dévie du sujet, là ! Je vous parlais de ma passion pour le maquillage. Vous l'avez compris, elle date de mon enfance. Petite, j'attendais les Noëls en famille pour me mettre des paillettes sur les yeux et les cheveux, enfiler des mini-talons et des jupes. Je me rappelle, j'avais aussi des hauts et des collants à paillettes. C'était super moche, mais j'adorais ça. Je mettais une heure ou deux à me préparer. J'avais 6 ou 7 ans, et à l'époque je n'avais pas le droit de me maquiller le reste de l'année. Le premier maquillage qu'on m'a offert, c'était celui de Sabrina, l'apprentie sorcière. Vous vous rappelez de Sabrina ? Cette série a marqué mon enfance. Pour vous dire, j'ai appelé l'un de mes chats Salem, comme dans la série. Toutes les semaines, ils sortaient un nouveau produit de maquillage dans la collection et j'attendais ce jour avec impatience. Je harcelais ma mère pour qu'elle aille me l'acheter.

J'ai commencé à me maquiller tous les jours à partir du collège. Un liner, du mascara, du gloss et un peu de fond de teint *Dream Mat Mousse* de Maybelline, hyper couvrant, pour camoufler mes boutons d'acné. C'était sobre. À 21 ans, je suis passée à un maquillage plus élaboré. J'ai découvert sur YouTube d'autres techniques de maquillage et j'ai adoré. J'adore tester des nouvelles textures de fond de teint, un nouveau blush… Ça fait palpiter mon cœur. Je vibre ! C'est un moment de bien-être. Soyons honnêtes, le maquillage permet aux femmes de mieux s'assumer, d'être mieux dans leur peau, mais il ne les change pas. À nous ensuite de faire un travail quotidien pour nous sentir bien sans ces apparats. C'est ce que je fais. Rassurez-vous, je sors souvent sans *make-up* pour aller à la Poste ou faire mes courses. Cela ne m'empêche pas d'avoir mes basiques. Un mascara *waterproof* sinon j'ai les cils qui tombent, un crayon chair qui ouvre le regard, un liner et un rouge à lèvres rouge.

Il est rare que je pioche mes influences ou mes coups de cœur mode ou beauté dans les magazines féminins. En fait, je repère surtout les tenues dans les séries TV. J'adore le style très affirmé de l'actrice Lucy Hale dans la série *Pretty Little Liars*. Récemment, j'ai acheté une robe qui me fait penser à elle. C'est l'une des seules filles grâce à qui je peux me dire : « J'ai vu ce vêtement sur elle, je vais le commander. » Et puis il y a Hilary Duff, l'idole de mon enfance, que je continue à écouter et à adorer. Et évidemment Megan Fox. J'adore la façon dont elle passe d'un style à l'autre en fonction des heures de la journée, de son emploi du temps ou de ses obligations. Vous allez me dire, pour

Megan c'est facile, elle est tellement bien foutue que tout lui va. Mais quand même ! J'aime son style hyper décontracté la journée et hyper sophistiqué et classieux le soir. Oui, je trouve ce contraste hyper intéressant. En journée elle reste nature, elle sort de chez elle habillée comme un sac. Elle met des pantalons yoga, des débardeurs tout simples qui lui vont super bien. C'est un peu mon style de tous les jours aussi. Je vais souvent faire mes courses habillée comme ça, de façon très décontractée. Mais attention, il ne faut pas confondre look décontracté et look serpillère ! On peut porter des vêtements très confortables et très *fashion*. Il suffit juste de connaître les formes qui vous vont, d'allier l'élégance et la simplicité, de savoir accessoiriser ses tenues. Et puis vous ne trouvez pas qu'on est plus à l'aise pour porter ses sacs de courses et ses packs d'eau avec un legging et un débardeur qu'en robe et stilettos ?

Je trouve aussi mon inspiration dans les magasins. Sur Internet, les marques comme Misguided, Asos, Pull and Bear, Zara sont mes favorites du moment pour les vêtements. Pour les meubles, c'est Maisons du Monde. La déco est super importante car je travaille chez moi et je filme mon intérieur. J'y fais donc très attention, je veux m'y sentir comme dans un cocon. Mais je ne suis pas le genre de fille à suivre les yeux fermés des icônes mode. Je ne suis pas inspirée par un style de femme en particulier. Peut-être parce que, pour moi, une femme séduisante est une femme bien dans sa peau. Je fais beaucoup plus attention au charisme et au charme qu'à la beauté physique. Une femme qui a de l'humour, je vais tout de suite la trouver belle. L'important, c'est de dégager quelque chose. La plastique, elle, se fane avec le temps.

On pense souvent que le look est primordial, qu'il nous définit aux yeux des autres. Bien sûr, il est toujours préférable de ne pas se sentir exclu au prétexte qu'on ne ressemble pas à ceux qui nous entourent. Cela dit, rien ne vaut un style qui vous sied comme une seconde peau. Moi, le conseil mode que je donnerais, c'est de ne surtout pas copier les autres juste pour être dans l'air du temps. Je n'agis jamais en fonction des modes, j'agis en fonction de mes goûts, c'est tout. Si j'ai envie de mélanger deux matières qui n'ont rien à voir ensemble, je le fais. Je m'en fous ! D'ailleurs, ce sont souvent les audacieux qui créent les nouvelles tendances. Bien sûr, il est difficile de résister à la tyrannie de la mode. Mais si nous essayions, les filles ? Sinon, comment voulez-vous que l'on se sente nous-mêmes ? Porter des fringues qu'on n'aime pas simplement pour s'intégrer, c'est faire semblant d'être quelqu'un d'autre. Et ça, ça n'a jamais rendu personne heureux. Restez vous-mêmes, les filles. Vous aurez peut-être moins d'amis, et après ? Si ces gens-là s'arrêtent à votre tenue pour décider s'ils vous accordent leur amitié, c'est qu'ils n'en valent pas la peine. Moi, je ne choisis pas mes amis en fonction de leur style. J'ai plein de potes dont je n'aime pas spécialement la façon dont ils s'habillent, et après ? Ça ne les rend pas moins géniaux.

Le problème aujourd'hui, vous voulez que je vous dise, c'est qu'on juge tout le monde au premier regard. Je trouve ça naze de ne pas essayer de creuser. Qu'est-ce qui empêche de voir plus loin ? On est d'accord, le style d'une personne reflète une partie de sa personnalité, mais ça ne forme pas un tout. Certaines personnes se cachent derrière des vêtements. D'autres ne s'intéressent guère à la mode et aux tendances. On ne cesse de me juger parce que je prends soin de moi. On me critique tout le temps parce que je porte des talons et du mascara. C'est notre société qui veut ça. Il n'en demeure pas moins que je trouve ça insupportable. Tous mes amis m'ont dit : « Au début, on te prenait pour une personne hyper superficielle. On a eu du mal à creuser, et finalement on a découvert en toi une personne géniale. » Vous vous rendez compte ? C'est triste, non ? Bien sûr, une partie de moi est superficielle, mais je ne suis pas que ça ! On pense souvent que je ne vaux pas grand-chose, tout ça parce que je suis maquillée. Une bouche au rouge un peu intense et ça y est, c'est foutu ! On me catalogue, je suis une fille superficielle qui ne pense qu'au maquillage. Mais faut arrêter. Je ne pense pas qu'à ça. Je pense aussi aux êtres humains, aux animaux, à tout ce qui se passe dans le monde. On peut avoir envie de mettre du fard à paupière sans être pour autant une bimbo qui n'a rien dans la tête. Que voulez-vous, je ne gagnerai pas la bataille contre les préjugés. Alors j'ai décidé d'ignorer ces gens-là, qui jugent sans savoir. La seule chose qui compte, c'est que je me sente épanouie et totalement en harmonie avec le style que j'affiche.

Le plus drôle dans tout ça, c'est que je n'ai pas toujours été au fait de la mode. Des *fashion* faux-pas, j'en ai commis pas mal à l'adolescence. Vous vous rappelez des pantalons Pussy ? Oh, mon Dieu ! C'était des pantalons hyper moulants, absolument horribles. Eh bien j'en mettais tout le temps à l'époque. Pire, je portais des pantalons sous des jupes en imprimé camouflage et je rajoutais par-dessus une grosse ceinture avec des chaînes, un sweat et des baskets Air Max. C'était dégueulasse ! La première fois que j'ai vu Tanguy, accrochez-vous, je suis arrivée avec un pantalon poulpe. C'était un pantalon hyper large avec des bandes qui tournoyaient quand vous bougiez. Ça devait être la mode de *Un, dos, tres*, je ne sais pas. En tout cas, ce fut sans doute le pire faux pas de ma vie.

Et je ne parle pas des accidents capillaires… J'en ai eu pas mal, aussi. On a toutes pleuré au moins une fois en sortant de chez le coiffeur. Mais moi, je pleurais à chaque coup de ciseaux. Le pire faux pas, je l'ai vécu contre mon gré. J'avais demandé à la coiffeuse une coupe que j'avais repérée dans un magazine de mode. Sauf que la coiffeuse a décrété que cette coupe n'allait pas avec la forme de mon visage et qu'elle s'est totalement lâchée. Quand je dis « lâchée », j'entends lynchage programmé. Ça a donné des cheveux hyper courts derrière, avec des pics, deux mèches plus longues devant et une raie au milieu. C'était la coupe à la mode à l'époque, mais ce n'était pas du tout ce que j'avais demandé ! Vous n'imaginez pas à quel point j'étais malheureuse en sortant du salon de coiffure. Et les jours d'après, ça ne s'est pas arrangé. Ni les semaines suivantes d'ailleurs. Règle numéro un en matière de mode : toujours faire attention à ce que l'on fait subir à ses cheveux. Un faux pas capillaire, c'est traumatisant. La preuve, depuis cette mésaventure j'ai toujours eu les cheveux longs. Il m'a fallu attendre plus de dix ans pour que je les coupe à nouveau. Et encore, c'est parce que j'y étais forcée. J'avais bousillé mes cheveux avec des décolorations successives.

Je suis passée par toutes les étapes avec mes cheveux. Je les ai eus totalement noirs, mais ça durcissait mon visage. Je suis passée au rouge bordeaux, puis au *tie and dye* (brune et blonde), et enfin, ces derniers temps, au violine. Je n'aime pas ce qui est banal sur moi. Je trouve que cela ne me colle pas à la peau. Le brun, tout simple, je n'adhère pas. J'aime le pep, la couleur. Une fois, j'ai fait une bordure rouge dans le bas des cheveux. J'avais 10 ans et je trouvais ça super mignon. Comme quoi on n'est pas toujours lucides ! Chez moi, le faux pas capillaire par excellence c'est la frange. J'ai un petit front et la frange ne me va pas du tout, ça me casse le visage. Bref, ça ne donne rien. En plus, une frange il faut l'entretenir ! Je la coupais toute seule, et à chaque fois je me ratais. Alors je demandais de l'aide à Tanguy, et il me ratait lui aussi. Aujourd'hui, je dois avouer que j'aime beaucoup mon nouveau carré long. Je trouve que ça me donne un côté « femme ». Cette nouvelle coupe est arrivée à un moment de ma vie où je n'allais pas super bien. J'avais besoin de changement. Et je crois que m'être coupé les cheveux m'a fait du bien. J'ai l'impression d'être passée à une autre étape de ma vie. Je me sens dans la peau d'une *working girl*, comme si j'étais devenue une femme accomplie. Mais en matière d'obsession capillaire, je ne suis rien comparée à Tanguy. Avec lui, on change carrément de dimension. Tanguy ne sort jamais s'il n'est pas coiffé. Attention, il ne part jamais en vacances sans son sèche-cheveux, son gel et sa brosse.

« Tout est dans le brushing », m'explique-t-il souvent. Dire que quand je l'ai connu il avait le crâne rasé. En quelques années, il est devenu un obsessionnel du brushing. C'est inquiétant, non ? Vous croyez que c'est de ma faute ?

7

La beauté et ses petits tracas

J'ai peur de vieillir. Ce n'est pas une lubie qui m'est tombée dessus le jour où j'ai passé le cap des 25 ans. Non, ça a toujours été le cas. Même ado, ça me déprimait de prendre un an de plus. Si j'avais une baguette magique j'arrêterais le temps, là, tout de suite. Je me sens si bien maintenant. J'aimerais rester comme ça toute ma vie. Ce n'est pas une question de rides ou de beauté, mais plutôt de liberté. Je suis paniquée à l'idée de vieillir seule et de perdre toutes mes capacités physiques. Voilà la chose que je crains le plus au monde : la solitude. M'imaginer toute seule chez moi à 80 ans, à ne plus pouvoir rien faire, ni sortir ni faire des courses ni voyager… J'en ai des sueurs froides. Mais bon, c'est pas l'heure de déprimer, hein ! J'ai encore le temps.

J'ai un étrange rapport avec mon image depuis que je suis youtubeuse. Le fait de me voir en vidéo ne me fait pas grand-chose, j'y suis habituée. Mais devenir l'égérie d'une marque de cosmétiques aussi élégante que Karin Herzog et apercevoir mon visage sur des pancartes géantes dans les vitrines des boutiques France Loisirs, ça me fait toujours un choc. Je me dis que j'ai réussi un truc incroyable dans ma vie. À 15 ans, je me trouvais vraiment moche. J'étais complexée. Si on m'avait dit que dix ans plus tard je serais mannequin pour une grande boîte de cosmétiques, je n'y aurais jamais crû. D'ailleurs, alors que toutes les adolescentes rêvent à un moment ou à un autre de devenir top model, moi, je n'en ai jamais rêvé car ça m'a toujours semblé impossible.

Je n'ai pas peur des années qui passent et marquent mon visage. Les rides, les imperfections, la peau et le corps moins fermes… Tout ça, je gère ! Depuis que je suis majeure et vaccinée, je m'accepte comme je suis. La seule chose qui m'a toujours complexée, c'est mon nez. Je ne l'ai jamais aimé. Je le trouve trop gros, ça rend mon visage disgracieux. Je reconnais que je l'ai fait refaire. Mais depuis il est tout de travers, ce salaud ! Du coup, je respire mal. Ça, c'est tout moi ! J'ai eu recours à la chirurgie esthétique et rien ne va. Franchement, je vous jure que c'est pénible. Rien ne peut jamais se dérouler sans accros. Dans « Vis la vie de Noémie », il faut toujours planifier l'inimaginable parce que vous êtes sûre qu'il va vous tomber dessus par accident. Mon nez justement. Depuis ma rhinoplastie, il siffle comme une truelle sur un mur en béton. Dès que je suis allongée ou fatiguée, c'est l'enfer. La nuit, ça m'empêche carrément de dormir, et Tanguy avec. Parfois, je suis obligée de me boucher la narine pour trouver le sommeil. C'est pas absurde, ça ? Mais c'est la seule façon que j'ai trouvée pour que ça s'arrête de siffler. J'ai l'air con, j'en ai marre. Et puis c'est pas vraiment agréable, vous imaginez bien.

Mais voilà, ça devient une habitude, dès que j'entreprends quelque chose, ça se termine mal. L'histoire du nez est révélatrice. Je n'ai pas subi une seule opération mais trois, parce que des complications inattendues sont intervenues. Rien n'est simple, vous voyez. Cela m'oblige à prendre la vie avec humour. Sinon, je pèterais un câble. D'autant qu'on n'est jamais vraiment préparée aux conséquences d'une opération esthétique. Aujourd'hui, j'ai l'impression qu'on prend la décision de se faire refaire un truc comme si on allait s'acheter une baguette de pain. La chirurgie esthétique s'est tellement démocratisée qu'on imagine que c'est quelque chose de totalement indolore et innocent. On voit arriver des stars américaines refaites et absolument sublimes. Ça fait rêver. On a envie de leur ressembler. Mais on oublie de dire qu'elles sont passées par des opérations extrêmement douloureuses.

La chirurgie esthétique peut être un véritable choc physique et psychologique. C'est difficile à gérer. Je dis toujours de faire attention aux « avant-après », quand il ne s'agit pas de « milieu ». La chirurgie, je la recommande aux personnes qui nourrissent un complexe dont elles n'arrivent pas à se débarrasser et qui leur pourrit la vie. Mais je ne la conseillerai jamais à celles qui courent après la perfection. Je trouve ça dommage. À quoi ça sert de se faire du mal pour rien ? Je le répète, c'est une expérience traumatisante. Et pas seulement pour vous, mais également pour votre entourage. Mon ancienne meilleure amie a été traumatisée par ma chirurgie du nez. Elle ne me reconnaissait plus et il nous a fallu du temps pour retrouver notre complicité. Elle ne se sentait pas aussi à l'aise avec moi. Elle avait l'impression de faire face à une inconnue.

J'ai super mal vécu mon opération, à tous les niveaux. J'ai dû réapprendre à me maquiller, à me coiffer. Il y a toujours un temps d'adaptation à son nouveau visage, et ce n'est pas toujours évident à vivre. Pendant ma convalescence, je n'ai pas supporté de ne plus pouvoir respirer par le nez. Ça m'a provoqué des crises d'angoisse hyper sévères. Je ne parle même pas de l'opération elle-même. C'était horrible. Je n'ai jamais vécu une nuit aussi atroce. On t'intube et ça te défonce la gorge. Ton nez est complètement bouché. Tu as un plâtre qui t'empêche de respirer. Ajoutez à cela que les anesthésies me rendent généralement malade. Bref, tout pour plaire… Dans mon malheur j'ai eu de la chance, je n'ai pas vomi, ce qui m'arrive régulièrement après une anesthésie. Sinon, autant vous dire que j'étouffais. Il aurait fallu attraper un stylo pour m'ouvrir la trachée ! Si, si, je l'ai vu dans la série *24 heures chrono* !

Mais comme je vous le disais, mon parcours du combattant ne s'est pas arrêté là. Suite à l'opération, une boule s'est formée près de mon nez et on a dû me réopérer. Bon, vous commencez à me connaître. Juste avant l'intervention j'étais encore zen. Sauf que le chirurgien m'a carrément oubliée ! Il était parti à la pêche. J'ai attendu quatre heures dans la chambre de la clinique avant qu'il daigne se pointer. Au final, ce qui devait être une opération bénigne, sous anesthésie locale, s'est transformé en shoot XXL. J'avais tellement poireauté que je ne tenais plus en place. J'avais hâte d'en finir, je bougeais dans tous les sens. J'étais insupportable, je hurlais de rire toutes les cinq minutes. Le chirurgien en a eu marre, et pour que je sois plus docile il a augmenté la dose d'anesthésique. J'ai fini complètement stone. Il paraît même que j'ai dragué le chirurgien. La honte ! Il était pas mal, faut dire. 55 ans mais super bien conservé, le doc' ! Quand je l'ai revu après l'opération, c'était un peu chelou. Il m'a lancé : « Ça va ? Vous êtes redescendue ? » Pas vraiment, en fait… Tanguy m'a avoué que j'étais tellement à l'ouest à cause des produits qu'on m'avait injectés que je me baladais dans ma chambre d'hôpital les fesses à l'air, la blouse à moitié ouverte. Bonjour tristesse…

Je vous avoue que, malheureusement, ce genre de mésaventures désagréables n'est pas inhabituel. Tanguy se marre chaque fois qu'il me voit me préparer pour une opération. J'emmène toujours une valise énorme. On dirait que je pars en vacances ! Je mets plein de trucs qui ne me servent à rien. On sait tous qu'à l'hosto, t'es tellement au bout du rouleau que tu ne fais pas vraiment attention à ce que tu portes. Tu veux juste enfiler des vêtements confortables. Mais moi, non ! Dans ma valise, je ne mets que des tenues hyper jolies et pas confortables du tout.

Il m'arrive toujours des choses pas croyables à l'hosto. Il y a quelques mois, Tanguy s'est fait opérer. Je venais tous les jours lui tenir compagnie. Il pouvait à peine bouger, alors je l'aidais à enfiler son caleçon et son pantalon. Un jour, en levant sa jambe, il me l'a balancée en pleine figure et m'a défoncé l'arcade. J'étais totalement assommée, un truc de dingue ! J'ai rarement eu aussi mal de ma vie. Quand j'étais plus jeune, je me suis fait bouffer par ma chienne. Elle était toute petite et je l'embêtais tout le temps. Un jour, elle s'est vengée. Je la taquinais avec un coussin. Elle en a eu marre (faut dire, elle était super caractérielle) et elle m'a arraché la lèvre. J'avais un énorme trou. Vous imaginez ? Elle m'avait attrapé la bouche et s'était accrochée à ma lèvre tandis que j'essayais désespérément de hurler. Du coup, j'ai encore fini à l'hôpital. De toute façon, c'est pas compliqué, toutes mes cicatrices sont sur mon visage.

Et voilà qu'il y a quelques mois, mon nez s'est fait la malle, je veux dire qu'il est parti de travers et j'ai été contrainte à repasser sur la table d'opération pour qu'on le remette d'équerre. Ça aussi, c'est une chose qu'on oublie de nous dire quand on nous parle de chirurgie esthétique. Les transformations ne sont pas figées dans le temps. Comme notre corps, elles évoluent avec les mois, les années. Le résultat final est toujours mystérieux. Vous ne savez jamais comment ça va vieillir. Je ne vous dis pas tout ça pour vous faire peur, mais j'aimerais que mon expérience vous aide à mesurer les enjeux d'une telle transformation. Je suis la première à vous encourager à tout mettre en œuvre pour que vous soyez bien dans votre corps, mais sachez qu'un coup de bistouri est bien plus fatiguant qu'un cours de gym. On n'en ressort pas avec quelques courbatures mais avec un gros coup de fatigue et parfois un sévère *body-blues*.

Ce n'est pas comme les tatouages que l'on peut toujours maquiller ou masquer si on ne les aime plus. Quoique... ça aussi, ça mérite qu'on s'y attarde un instant. J'ai fait des bêtises dans ma vie, et de m'être fait tatouer une fée dans le bas du dos à l'âge de 17 ans parce que c'était la grande mode à l'époque en est une. Vous n'avez pas idée à quel point je le regrette. Franchement, on dirait une fée d'enfant tout droit sortie d'un Walt Disney. J'aurais limite pu la dessiner moi-même. Alors si j'ai un conseil à vous donner : ne choisissez jamais un tatouage juste parce que c'est un truc dans l'air du temps. Car clairement, un jour ça ne sera plus à la mode. Il faut se faire tatouer des choses qui vous tiennent vraiment à cœur. Une phrase, par exemple.

Moi, j'ai trois tatouages. Il y a donc la fameuse fée, mais on oublie... J'en ai un autre sur l'aine, une fleur de vanille que j'ai fait faire sur un coup de tête en même temps qu'une amie et pour lequel j'ai souffert comme une folle quand le tatoueur a dessiné sur l'os de la hanche. Et enfin un troisième, une phrase, sous la poitrine. J'avoue que c'est un peu stupide d'avoir choisi cet endroit-là, du coup je ne la vois jamais. Parfois j'oublie même que je l'ai. L'histoire de ce tatouage est improbable, je l'ai fait faire l'année dernière après avoir bu un coup de trop. Il était 17 heures, j'étais avec ma copine Sandrine. On ne se voit pas souvent elle et moi, et quand on se retrouve c'est toujours devant un verre de champagne ! On n'avait pas mangé, le champagne nous est monté à la tête. On était un peu paf toutes les deux, mais nous voilà embarquées dans un salon de tatouage. On a dit au propriétaire qu'on voulait prendre rendez-vous pour se faire tatouer. On ne savait pas quoi, ni où ni comment. Le mec nous a proposé de repasser le soir même. Entre temps, on est retournées boire du champagne dans un bar, histoire de trouver la phrase qu'on allait se faire tatouer. Je ne vous explique pas l'état dans lequel on était au moment où on a remis les pieds chez le tatoueur. Quand je suis rentrée à la maison, j'ai annoncé à Tanguy que j'avais un nouveau tatouage. Mais quoi ? Je n'en avais aucune idée. C'est grave, non ? On s'est rués tous les deux dans la salle de bains, on a soulevé le pansement pour vérifier ce que c'était. Première surprise : c'était une phrase en anglais. Comme je ne parle pas anglais, Tanguy a dû me la traduire. Ça donnait : « Quand la vie te donne cent raisons de pleurer, montre-lui mille raisons de sourire. » J'adore cette phrase. Elle me correspond bien. Eh bien vous savez quoi ? Je ne regrette pas ce tatouage-là. Ça m'a même donné envie d'en avoir un quatrième, une manchette sur le poignet. Je trouve ça sublime. Un comble, non ?

Je ne sais pas si vous avez déjà espéré que les choses soient simples dans votre vie. Certains préfèrent les montagnes russes, vivre des émotions extrêmes H24. Moi, je rêve d'une vie sans histoires. Mes petites galères logistiques du quotidien peuvent vous sembler anecdotiques et drôles, mais je vous jure qu'à force, c'est usant. Quand je commande un meuble par exemple, j'aimerais me dire qu'on va me livrer le bon. Eh bien non ! Même ça, ça n'arrive jamais. J'ai la poisse, que voulez-vous. Mais j'ai appris à masquer mes émotions, à ne pas encombrer mes proches avec mes soucis. J'ai une bonne carapace, bien épaisse. Je pleure rarement, je prends sur moi. Peut-être qu'un jour j'exploserai, mais pas devant les gens ! Devant eux, devant vous, je continuerai de sourire, parce que la vie est tellement plus belle quand on la prend du bon côté.

8

L'acné, un combat de douze ans

Demandez à n'importe quelle adolescente quel est son pire cauchemar, elle vous répondra : l'acné. Quel Dieu a été assez sadique pour infliger une éruption de boutons pile au moment où l'on commence à plaire aux garçons ? Arrêtons de dire que la nature fait bien les choses ! Je me demande comment les nanas se débrouillaient les siècles passés, quand nos produits miracles n'existaient pas. Je n'ose même pas imaginer. Ça devait être épouvantable. Genre : foutu pour foutu, si on lançait la mode de la cagoule ?

Pour moi, il existe deux catégories de gens : ceux qui ont eu de l'acné, et ceux qui n'en ont jamais eu. Soyons clairs, les filles appartenant à cette deuxième catégorie ne peuvent pas nous comprendre. Elles ne savent pas ce que représente cette sensation de ne même plus oser se regarder dans la glace, ce qu'est la frustration de voir sa peau conserver des cicatrices, sans parler des brimades des autres collégiens. Elles, elles peuvent se balader les pommettes et la tête hautes. Leur peau ne brille pas au soleil. Elle est juste diaphane, douce et sublime. Elles n'ont pas peur d'aborder le garçon qui leur plaît, elles savent bien qu'il ne prendra pas un air de dégoût ou de rejet en la dévisageant. Moi, à partir du moment où j'ai eu mes règles, j'ai eu de l'acné. On ne s'en rend pas toujours compte, mais c'est traumatisant. Tu t'en prends plein la figure, on te donne des surnoms ignobles, comme « la boutonneuse », ou « la dégueulasse ». Les gens croient que tu ne te laves pas. Déjà que le collège est une période impitoyable, autant dire que l'acné n'arrange rien.

Le plus insupportable dans tout ça, c'est qu'il y a toujours un adulte dans ton entourage pour dédramatiser et te dire de ne pas te ronger les sangs. « C'est juste une mauvaise période », « Ça passera vite, tu verras, dans deux ans t'auras plus rien », « Ça ne se voit pas beaucoup, t'inquiète pas »... Ces phrases, je les ai toutes entendues. Mais ceux qui disent ça ne savent pas le cauchemar que c'est, ou ils ont oublié. Moi, je n'en ai pas pris pour un an ou deux, j'ai pris à perpétuité ! Douze ans d'acné ! Douze interminables années, entre 11 et 23 ans, à tenter tous les traitements possibles et imaginables, en vain. Croyez-moi, au bout d'un moment ça vous monte au cerveau. Un seul bouton, et vous fondez en larmes. C'est presque une torture psychologique.

En désespoir de cause, j'ai tenté l'année dernière ce que je considère comme l'ultime recours dans cette guerre des boutons : le Roaccutane. Un miracle ! À 23 ans, je n'avais plus la peau couverte de boutons. Les choses s'étaient déjà améliorées avec la prise de la pilule. Quand j'étais au collège, à part mes joues qui étaient épargnées par les boutons, c'était l'horreur, ça descendait dans le cou, le décolleté et le dos. Ça me faisait un mal fou. Grâce à la pilule, mon visage était pratiquement nickel, mais il me restait toujours deux ou trois boutons qui ne disparaissaient jamais. Je n'étais jamais tranquille. On est d'accord, ce n'est pas grand-chose, voire presque anecdotique, mais je vous jure qu'à la longue, c'est super pénible. À 23 ans, j'en avais vraiment marre de camoufler mes boutons. Cela faisait douze ans que j'avais de l'acné sur la tronche. Basta ! Du coup, j'ai franchi le cap et je suis allée voir un dermatologue qui m'a prescrit ce fameux Roaccutane.

Attention, âmes sensibles s'abstenir ! Le Roaccutane, c'est une virée en enfer. Ça marche (encore heureux), mais à quel prix ? Je vous jure qu'après ça vous n'êtes plus la même. Je ne veux pas conseiller à des filles de 12 ans de prendre du Roaccutane. Je trouve qu'il faut vraiment être adulte pour réussir à encaisser tous les effets indésirables du traitement, à moins d'être réellement déformée par l'acné, où là, d'accord, ça devient presque une mission d'intérêt public. Sinon, épargnez-vous ce cauchemar à l'adolescence. J'ai vécu huit mois d'angoisse.

Ça commence avec les yeux. Ils deviennent hyper secs. J'avais du mal à les ouvrir le matin. Le Roaccutane dessèche tout le corps, même les muqueuses. J'avais des plaques sur les cheveux. Pendant huit mois, j'ai eu des douleurs dorsales au point d'être immobilisée. Paraît que c'est quasiment inévitable avec ce traitement. En voyage, c'était l'enfer. Au bout d'une heure de marche je pétais les plombs. J'ai aussi eu des douleurs aux articulations. Une fois, je me souviens m'être levée dans la nuit. Je ne pouvais plus marcher. Une autre je me suis réveillée en hurlant, comme si on m'avait transpercé le genou avec des piques.

Ma peau en souffrance était super fine, toujours rouge. C'était comme si on m'avait enlevé la couche supérieure de l'épiderme. Un jour, je me suis renversée du gel douche sur le doigt et ça m'a fait un trou ! Avec le Roaccutane, tu ne cicatrises pas. Tu as des crevasses aux lèvres, on dirait un maquillage pour Halloween.

Tu saignes tout le temps, tes lèvres sont coupées et te font un mal de chien. Tu ne peux pas faire de sport, c'est interdit pendant le traitement. Quand tu voyages en avion, c'est un calvaire. À chaque atterrissage, ma peau pelait systématiquement en raison de la déshydratation. Heureusement que je prends les choses du bon côté dans la vie, sinon je n'aurais jamais tenu huit mois. Quand je ne tournais pas mes vidéos, je me faisais des masques. J'avais l'impression que mon corps ne m'appartenait plus. J'ai eu aussi de gros problèmes aux oreilles. Je faisais des otites à répétition car le Roaccutane avait asséché mon conduit auditif. Quand je parlais trop fort, mon oreille se mettait à crier elle aussi ! Je relativisais en me répétant que je n'étais ni sourde ni aveugle. Mais quand même, c'était vraiment difficile à gérer !

Je suis satisfaite malgré tout d'avoir suivi ce traitement car je n'ai plus aucun problème de peau aujourd'hui. Mais j'ai gardé des séquelles au dos et aux oreilles. Alors non, je refuse de le recommander à des jeunes filles. Comment peut-on endurer de telles souffrances à 12 ans, ou même à 15 ? Il faut être adulte pour supporter un tel traitement, je le répète. Et ne l'envisager qu'en dernier recours, si rien n'a marché avant ça. Moi, j'avais tout testé pendant plus de dix ans. Cela me tapait sur le système, c'était devenu une véritable souffrance morale.

J'y pensais tous les jours, je n'en pouvais plus. C'était comme si on m'avait infligé une douleur lancinante mais très forte, et surtout permanente. Ça rend fou un truc pareil.

Aujourd'hui, je me sens enfin libérée. Ça ne me pose aucun problème de sortir sans maquillage. Je suis plus épanouie. Oui, le Roaccutane a changé ma vie, je ne peux pas le nier. Le regard que je porte sur moi a évolué. Le fait de ne plus avoir d'acné m'a permis d'avoir davantage confiance en moi.

9

L'amour a ses raisons

Je ne veux pas me marier. Oubliez la traîne, le curé et les demoiselles d'honneur ! Rien que ça, ça me donne déjà la migraine. Oui, je sais, je dois faire partie du pourcentage infime des filles de mon âge qui ne rêvent pas d'un mariage de princesse et de tout le folklore qui va avec. Mais c'est comme ça ! Je n'ai pas besoin de porter une robe blanche ni d'avoir des centaines de personnes autour de moi pour faire comprendre à Tanguy que je l'aime. Il sait que mon cœur lui appartient. On s'est pacsés, c'est déjà bien. On a fait ça en catimini, avec à la clé un petit resto en amoureux pour fêter ça. Vous voyez, rien qui ne déchaîne les foules. Que voulez-vous, je ne suis pas vraiment une fille à l'eau de rose, ni une romantique dans l'âme. Je suis très tempérée pour ces choses-là. Quand je me rends à un mariage, ça ne me fait ni chaud ni froid. Je ne suis pas émerveillée, ni envieuse. Le culte de Cendrillon ne passera pas par moi ! La seule chose qui pourrait me faire changer d'avis, c'est les enfants. Peut-être qu'un jour j'épouserai Tanguy pour qu'on porte le même nom si on fait un bébé. Vous voyez, qu'est-ce que je vous disais ? Sur le terrain amoureux, je suis une cartésienne.

Ne pas vouloir me marier ne veut pas dire que je n'aime pas mon mec à la folie et que je n'ai pas envie de passer toute ma vie à ses côtés. Loin de là. Je dis juste qu'avant de s'emballer, il faudrait peut-être un peu s'attarder sur les chiffres. Regardez le nombre de divorces ! Près d'un mariage sur deux finit par un divorce en France, et je crois même qu'on approche la statistique hallucinante de deux sur trois à Paris. Vous ne pensez pas qu'on devrait plutôt se poser et réfléchir deux secondes ? Divorcer au bout de vingt ans de vie commune, passe encore. Mais ceux qui divorcent au bout de deux ans, ça veut dire quoi ? Pour moi, qu'ils n'ont pas réfléchi ! Les gens sont impatients, impulsifs. Ils se marient sur un coup de cœur, un coup de tête, une envie de magnifier leur vie. Mais le mariage ce n'est pas seulement une jolie cérémonie où l'on s'embrasse et où l'on s'envoie des grains de riz et des pétales de rose au visage. C'est un engagement, une promesse, un chemin de vie. Et tout ça, on a tendance à l'oublier.

On signe les papiers du mariage comme si ça n'avait de valeur que sur l'instant, comme un caprice ou une parenthèse enchantée. Moi, avec Tanguy, j'ai envie de croire à l'amour qui dure toujours. Et je ne pense pas que le fait de nous marier rendra nos sentiments plus forts ou plus vrais. On n'a pas besoin d'une alliance pour nous sentir reliés l'un à l'autre. Enchaînés ou non, de toute façon on est incapables de vivre l'un sans l'autre.

Je suis une enfant du divorce, comme beaucoup de jeunes de ma génération. C'est fou, aujourd'hui on s'extasie devant les gens qui vieillissent ensemble alors qu'avant c'était la norme. Ça nous semble aussi héroïque que d'escalader l'Everest. Et peut-être que ça l'est, finalement... Supporter quelqu'un pendant plus de quarante ans, ne pas le jeter par la fenêtre quand il nous insupporte, accepter ses défauts et surmonter les crises, c'est peut-être ça l'héroïsme des temps modernes. Eh oui, les filles, le couple et « l'amour, toujours » sont les défis suprêmes de notre siècle. On ne nous a pas prévenues, quand on nous a collées enfants devant les Walt Disney, que la morale de l'histoire n'est jamais « ils vécurent heureux et eurent beaucoup d'enfants ». La plupart du temps c'est plutôt : ils se balancèrent les assiettes à la figure et coururent déchirer leur contrat de mariage !

Mes parents ont divorcé quand j'avais 21 ans. J'étais déjà avec Tanguy depuis un moment quand c'est arrivé. Du coup, ça n'a pas vraiment eu d'impact sur ma vision du couple. J'étais assez grande pour comprendre les tourments de la vie à deux et pour savoir qu'« amour » ne rime pas forcément avec « toujours ». Je savais déjà à cette époque-là que je n'avais pas envie de me marier. Il n'empêche... Ce divorce, je l'ai mal vécu. Comment peut-on rester insensible lorsque l'on voit ses parents se déchirer ? C'est un crève-cœur. Pendant des mois ça a été folklorique et extrêmement dur à vivre. Heureusement, c'est à cette période que Tanguy a changé de job et que nous avons dû déménager. Cela m'a permis de m'éloigner du règlement de comptes familial. Et puis il y a eu YouTube... Il n'y avait que lorsque je regardais des vidéos que j'oubliais le divorce de mes parents. C'est peut-être pour cette raison qu'un lien très fort s'est créé entre vous et moi. Je sais ce que les filles ressentent quand elles me disent qu'elles ne vont pas bien, qu'il n'y a que mes vidéos qui leur donnent le moral et qui leur font oublier leur quotidien. Moi aussi, je suis passée par là. Aujourd'hui, c'est comme si j'essayais de rendre toutes les belles choses que YouTube m'a données quand j'étais dans la tourmente. C'est ça, la vie, on reçoit puis on donne. YouTube est un instrument de partage, une technologie qui permet de le faire à grande échelle et quasiment en *live*. C'est pour ça qu'on a souvent l'impression de se connaître vous et moi, alors qu'on ne s'est jamais rencontrées. À travers ma chaîne vous pénétrez dans mon intimité. Vous connaissez mon dressing (je devrais dire mon TEMPLE), mon quotidien, mes petites manies, mes addictions, et même mon amoureux ! Eh oui, Tanguy n'est jamais loin de moi, même si, attention, on a aussi chacun notre vie. On n'est pas non plus collés l'un à l'autre toute la journée. Certains jours, on se croise à peine, c'est dire. Beaucoup de couples s'empêchent de sortir en solo. Nous, jamais ! Tout le monde nous dit, à Tanguy et à moi, qu'on est leur couple rêvé. C'est drôle. Quant à nos potes, ils nous répètent qu'on a interdiction de rompre, et que si ça arrivait ils n'auraient plus jamais d'espoir dans le couple. Vous imaginez la pression ? On n'a pas le droit de se planter avec Tanguy. Entretenir notre amour est devenu une mission d'intérêt général ! Heureusement qu'on s'aime à la folie…

J'ai tout de suite su que ça allait être sérieux avec Tanguy. Quand je lui ai dit « je t'aime » la première fois, au bout de trois semaines de relation, je savais que c'était pour la vie (je croise les doigts en tout cas). Je me souviens encore de ce jour-là. Rien que d'y penser, ça me fait sourire. Ça faisait un moment que je voulais lui avouer mes sentiments. Mais je n'osais pas car je ne savais pas ce qu'il ressentait pour moi. Vous savez ce que c'est, on préfère toujours que ce soit le garçon qui avance ses pions en premier. Comme ça, pas de risque de se prendre un vent. Sécurité maximale. Sauf que moi je suis une impulsive. En tout cas, je l'étais encore à l'époque. Ce jour-là, on parlait depuis une heure mais cette discussion ne m'intéressait pas ! La seule chose que j'avais en tête, c'était : « Je lui dis, ou pas ? » Ça tournait en boucle dans mon cerveau. Je regardais Tanguy mais je ne l'écoutais pas vraiment. Je réfléchissais à l'attitude que j'allais adopter. Et puis j'ai fini par craquer. C'est sorti d'un coup, comme ça : « Je t'aime. » Bang ! Il m'a regardée et m'a répondu tout simplement : « Moi aussi. » Pas un mot de plus. Mais il l'avait dit, et c'était la seule chose qui comptait. Vous voyez, on ne s'est pas fait de grandes déclarations d'amour à l'ancienne, avec des alexandrins et tout le toutim. Deux mots pour moi, deux pour lui, tout était dit.

On veut des enfants avec Tanguy. Mais vu nos vies actuelles, on essaie de ne pas trop planifier les choses. Déjà qu'on n'a pas assez de temps pour nous… Alors des enfants ! Et puis on a envie de réaliser plein de rêves à deux avant de sacrifier notre liberté. On a encore tellement de voyages et de projets à réaliser en duo. Il y a huit ans, on avait dit qu'on ferait notre premier enfant aux 25 ans de Tanguy. Il vient d'en avoir 26, et vous voyez, on a déjà repoussé l'échéance. À ses 30 ans ! On va attendre que je sois plus posée. Pour l'instant, on a décidé d'être égoïstes.

C'est drôle, j'ai toujours pensé que je n'avais pas la fibre maternelle. J'avais ce truc-là en tête, cette impression que je ne saurais jamais m'y prendre avec les enfants, encore moins m'en occuper correctement. Et puis un jour, j'ai fait un stage en crèche. Tout s'est parfaitement bien passé, et j'ai compris finalement que j'étais douée pour ça. Je ne sais pas d'où me venait cette crainte. Peut-être du fait que je n'avais jamais eu de petite sœur ou de petit cousin à m'occuper. Contrairement à Tanguy, je n'ai jamais côtoyé d'enfants. Lui, c'est carrément l'inverse. Sa mère a été assistante maternelle, et puis il est l'aîné de ses cousins. Alors s'imaginer avec une tonne de mômes à la maison, ça ne lui fait pas peur ! Il a grandi entouré d'enfants, alors pas de doute, il a la fibre paternelle. Il adore jouer avec les petits, s'en occuper. Il est la patience incarnée. Je n'arrête pas de lui dire qu'il a raté sa vocation.

Avec Tanguy, on s'aime à l'ancienne. Aujourd'hui, les jeunes zappent tout, même l'amour. C'est dommage. C'est facile de passer d'un mec à l'autre. Mais ça sert à quoi ? Avec Tanguy, on a pris le contrepied. On essaie de s'inscrire dans la stabilité. On doit être un peu *old school*, non ? On fait très attention à préserver notre couple, à ne pas l'exposer inutilement. On s'est éloignés des réseaux sociaux par exemple, parce que c'est un vrai poison pour les gens qui s'aiment. Ça ne vous fait pas peur, vous ? J'ai supprimé mon profil sur Facebook parce que j'ai vite compris que ce réseau pouvait bousiller les couples. C'est même la guerre, parfois. Tu peux faire la gueule à ton mec parce qu'il y a une jolie nana ou une fille que t'aimes pas dans ses amis. Il faut toujours être en vigilance orange. Merci du cadeau ! J'ai des copines qui surveillent leur mec sur Facebook. D'autres sont carrément plus rigides et interdisent à leurs copains d'avoir des filles dans leurs contacts. C'est grave ! J'ai une copine qui a découvert sur Facebook que son mec la trompait. Grillé illico, le mec, pris en flagrant délit d'adultère sur FB. Il tchattait avec une fille tandis que ma copine était connectée avec le même compte sur un autre ordinateur et voyait la conversation s'afficher en *live*. L'horreur !

Je me méfie des réseaux sociaux. Je considère qu'ils peuvent vite devenir une arme de destruction massive si on les utilise mal ou si on est trop fragile. Je me souviens de cette fille qui s'est suicidée parce que des gens avaient diffusé une photo d'elle torse nu. C'est insupportable. Facebook, c'est un miroir aux alouettes. Combien de gens s'inventent une vie ? On fait croire tout et n'importe quoi sur Internet. C'est dangereux. D'autant qu'il reste toujours une trace. Eh oui, tout reste en ligne ! Si j'ai un conseil à donner, c'est d'utiliser le web avec intelligence. Ne montrez et ne dévoilez que ce que vous êtes en mesure d'assumer. Ne vous exposez pas, ne vous mettez pas à la portée de gens malintentionnés. Sachez doser et raisonner. Le monde virtuel possède ses propres lois, notamment de vous faire croire que rien ne pourra vous atteindre parce que derrière votre ordinateur vous êtes à l'abri. Ceci est un leurre.

En même temps, les nouvelles technologies permettent parfois des choses formidables. Je ne veux pas tout diaboliser, loin de là. Moi, ça m'a même sortie de pas mal de mauvais pas. Je me souviens d'un soir en particulier. Une de mes copines était venue dîner à la maison. On était d'humeur festive, alors après manger on a décidé d'aller s'acheter une bouteille de champagne. On a laissé Tanguy à l'appartement en lui promettant de revenir *illico presto*. Une heure après, on n'était toujours pas rentrées. On s'était arrêtées dans le bar d'un hôtel près de chez moi car on avait décidé de s'offrir une coupe de champagne là-bas. À 1 heure du mat, j'étais bien pompette et je n'arrêtais pas d'envoyer des SMS incompréhensibles à Tanguy. J'avais mis plein d'émoticônes : un flingue, un maillot de bain, un bonhomme qui pleure, un autre qui sourit, des bouts de phrases. C'était du grand n'importe quoi. Une demi-heure plus tard, me voilà essayant de rentrer chez moi. Ma copine, qui habite juste à côté de l'hôtel, était déjà repartie chez elle. Quant à moi, vu mon état, j'ai préféré appeler Tanguy. Mais évidemment, impossible de me repérer. Eh bien ni une ni deux, il a activé l'appli « Perdu mon iPhone » et a réussi à me géolocaliser et à venir me récupérer ! Magique, non ? Quand il est arrivé, j'attendais sagement mon sauveur dans un abribus. On est repartis à pieds, sauf qu'avec les talons il m'était impossible de marcher ! J'ai retiré mes chaussures et décidé de rentrer pieds nus. Mauvaise idée ! Dès que je me marchais sur un caillou, qui me faisait mal évidemment, je murmurais « tu le mérites » tellement je culpabilisais d'avoir sorti Tanguy de son sommeil. En rentrant, j'ai mis cent ans à me déshabiller. Au réveil le lendemain matin, j'ai trouvé mes vêtements éparpillés partout dans la chambre. Précisons au passage que j'ai également été malade comme un chien. Ah, ça m'a vaccinée ! Je n'ai plus jamais recommencé.

Mais j'ai gardé l'appli quand même, au cas où... Surtout que j'ai toute ma vie sur mon iPhone. Mes mails, mes deux chaînes YouTube. J'ai toujours peur de le perdre. Si ça m'arrive un jour, je pense que je ferai une crise d'angoisse et que je fondrai en larmes ! Mon téléphone est toujours à portée de main. La nuit, il trône sur ma table de nuit tel un roi. Je ne l'éteins jamais, ce qui agace Tanguy au plus haut point. Il a raison. À force de passer sa vie avec son téléphone, on finit par ne plus profiter du moment présent. On passe notre temps à essayer de capturer les instants magiques, mais on ne les vit plus. C'est absurde, non ? C'est très rare que je pose mon portable. Même quand je regarde une série, je suis sur mon téléphone et je réponds à mes commentaires. Alors c'est sûr, je zappe des trucs, et je dois toujours demander à Tanguy ce qu'il s'est passé. Mais bon, c'est comme ça. Pour moi, il est plus important de partager avec ma communauté que de profiter égoïstement de l'instant. Avant, je faisais même ça au restaurant. Pendant qu'on mangeait j'échangeais avec ma communauté sur mon iPhone. J'ai arrêté. Tanguy m'a recadrée ! Il n'en pouvait plus. Et il avait raison. Là, franchement, j'exagérais.

Je m'offre quand même quelques passe-droits dans des situations d'extrême urgence, c'est à dire lors des soirées foot avec les potes de Tanguy. Là, j'ai le droit de me ruer sur mon portable pour regarder des vidéos sur YouTube ou répondre aux commentaires de mes abonnées. C'est ce que j'ai fait il n'y a pas longtemps. Tanguy et ses potes étaient concentrés sur l'écran de télévision et vivaient le match à fond la caisse. Moi, j'ai sorti mon casque Hello Kitty et j'ai regardé des vidéos toute la soirée sur mon téléphone. De temps en temps, je voyais les copains de mon mec me jeter des coups d'œil et glisser à Tanguy : « Elle est bizarre ta copine, non ? »

10

Devenir adulte

C'est difficile de grandir et de devenir une femme. On n'est jamais vraiment prête quand les épreuves se présentent à vous. Alors le mieux à faire, c'est de sauter dans le vide à pieds joints, de fermer les yeux et de se dire que tout ira bien. Qu'y a-t-il de plus excitant et de plus terrifiant qu'une première fois ? Vous, vous ne trouvez pas ça paralysant parfois ? Vous allez me dire que mon regard sur les choses est sans doute déformé par le fait que rien ne se déroule jamais normalement avec moi. Mes premières fois ont toujours été des drames en série. N'attendez pas de ma part des solutions miracles, je n'en ai pas. Premier rendez-vous, premier baiser, premier emménagement à deux... Même tarif pour tout le monde, le fiasco intégral. Je ne vous dis pas ça pour que vous me preniez en pitié. J'ai les preuves de ce que j'avance et je vais vous les exposer, promis juré !

J'ai connu Tanguy à un moment de ma vie où j'aurais pu partir en vrille. J'avais 16 ans, et je peux dire sans mentir qu'il m'a sauvé. Avant de le rencontrer j'avais déjà envie d'une relation stable. Sur ce point, j'étais très mature pour mon âge. Je n'avais pas envie de papillonner. Ça ne m'a jamais intéressée. J'avais envie de complicité, de partage, de construction. Coup de chance, lui et moi on était sur la même longueur d'ondes. Il fut mon premier petit ami, et j'espère qu'il sera le dernier. J'ai l'impression d'être née avec Tanguy, comme si les quinze premières années de ma vie n'avaient jamais existé. Tout est devenu tellement plus intense, tellement plus riche après notre rencontre. Le reste ne pouvait que s'estomper. Rien n'avait vraiment de magie avant lui. D'accord, ce sont les mots d'une fille *in love,* donc je ne suis pas très objective, mais quand même ! Tanguy le maestro a changé ma vie ! De chrysalide je suis devenue papillon, et j'ai pu vivre mes premiers émois amoureux… en trébuchant.

Quand j'ai rencontré Tanguy, je traînais avec l'un de ses potes sur lequel j'avais des vues. Mais bon, le pote je ne l'intéressais pas vraiment, si vous voyez ce que je veux dire. Il avait 16 ans, les hormones en folie, et la seule chose qu'il voulait, c'était coucher avec moi. Point barre. Sauf que moi, comme je viens de vous l'expliquer, les histoires sans lendemain ce n'était pas vraiment mon truc. Alors autant vous dire que j'étais bien refroidie. Il n'était pas question qu'il se passe quoi que ce soit entre nous. En revanche, j'étais totalement *open* pour une histoire avec son ami Tanguy, et je ne m'étais pas privée de le lui dire. Quand on veut quelque chose il faut aller le chercher, les filles ! Et Tanguy, j'avais littéralement craqué sur ses yeux. Je l'avoue, on n'était pas loin du coup de foudre. Du coup, son pote est allé le voir et lui a balancé froidement : « Bon, finalement il ne se passera rien entre Noémie et moi, elle veut pas, en revanche elle aimerait bien avoir ton numéro. Fais-la juste sonner, elle te rappellera. » Sympa le mec, non ? Et Tanguy, lui, qu'est-ce qu'il a fait ? Je vous le donne en mille : il a suivi bien sagement les instructions, et il m'a sonnée ! On rêve, non ? Comme si j'étais à ses ordres ! C'est à se demander ce que les garçons ont en tête à cet âge-là. Ils pensent qu'on est à leur botte, ou quoi ? Évidemment, je ne l'ai jamais rappelé et il a dû faire preuve de beaucoup plus de délicatesse pour me séduire. Après toute une série d'échanges de SMS bien plus agréables, j'ai fini par accepter un premier rendez-vous. Bon, est-ce que je vous l'avoue ou vous avez déjà deviné ? Je n'ai évidemment jamais réussi à me rendre à notre point de ralliement. Le jour du rendez-vous, on a crevé sur la route avec mes parents, ce qui ne m'était jamais arrivé de ma vie, et Tanguy et moi on a dû reporter.

Day 2 : seconde tentative. Je ne me suis pas laissé abattre et j'ai persévéré. Quelques jours plus tard, on a calé un deuxième rendez-vous. Trop beau pour être vrai, vous allez penser. Et vous aurez raison, car à partir de là, la famille s'en est mêlée ! Mon père est sorti du bois et a refusé que je sorte avec Tanguy avant de l'avoir rencontré. Vous imaginez ma tête ? Moi qui pensais vivre mon histoire en toute discrétion, c'était raté. Quant Tanguy est passé me chercher, il s'est retrouvé avec toute la famille assise en face de lui sur le canapé, qui le dévisageait des pieds à la tête. Il y avait mes parents, mon frère, et même ma grand-mère qui habite pourtant à mille deux cents kilomètres de chez nous ! Personne ne bougeait. Malaise intégral. Pas un bruit dans la pièce. On aurait presque entendu ma respiration saccadée. Jusqu'à ce que mon père ouvre finalement la bouche et balance à Tanguy : « Tu me la ramènes entière, hein ? » Ça me fait rire rien que d'y repenser…

Avec Tanguy, c'est moi qui ai fait tout le boulot. Même notre premier baiser, c'est moi qui l'ai provoqué. C'était à Digne. On discutait tranquillement au bord d'un plan d'eau, et tout d'un coup je lui ai sauté dessus. En fait, juste avant je lui avais demandé s'il sortirait avec une fille comme moi. Il avait répondu oui, alors je me suis ruée sur lui. Il a été paniqué sur le moment. Je m'en rappelle comme si c'était hier. Mais finalement, j'ai eu raison de le bousculer un peu. D'abord parce que j'ai obtenu l'homme que je voulais, ensuite parce qu'aujourd'hui il n'arrive plus à se débarrasser de moi ! On a passé quasiment tout notre temps ensemble depuis ce jour-là. J'ai d'abord squatté la maison de ses parents, puis quelques mois plus tard sa chambre de bonne, qui devait faire dix mètres carrés, à Aix-en-Provence. Les toilettes étaient sur le palier. Elles étaient plongées dans le noir, remplies d'araignées, elles ne fermaient même pas à clé. En plus, on les partageait avec une voisine. Cet appartement, c'était l'angoisse. Il fallait jouer à Tetris pour que je puisse ranger mes affaires. Pour cuisiner, on n'avait quasiment rien, juste une plaque électrique. Sa mère lui préparait des Tupperware de nourriture qu'on se partageait le soir. Mais on s'aimait, c'était le plus important.

Avec lui, tout était évident. Je me sentais en confiance. Je n'ai pas eu peur de la première fois, de perdre ma virginité. Et pourtant, on sait toutes que c'est un moment souvent stressant dans la vie d'une jeune fille. Tout comme le passage à la pilule. Quand je vous dis que je ne peux rien faire comme tout le monde, je ne vous mens pas. Un exemple : normalement, quand on prend la pilule, on grossit. Moi, non ! J'ai même perdu dix kilos. Les premiers mois, je vomissais vingt-quatre heures sur vingt-quatre ! J'ai dû changer cinq fois de pilule avant de trouver la bonne. C'était un véritable calvaire, j'étais malade comme un chien. Dès le matin, pile poil au moment où je devais prendre mon bus pour aller en cours, je me retrouvais la tête penchée dans le caniveau. Ça a duré des mois. Super baptême du feu pour Tanguy, vous ne trouvez pas ? Et pour moi aussi. On ne peut imaginer pire entrée dans la vie pour une femme, non ? Aujourd'hui j'en rigole, mais sur le coup c'était une vraie galère. Vous penserez à moi, hein, les filles, au moment de vos premières fois ! Si vous avez peur, dites-vous que vous ne ferez jamais pire que moi. Je vous jure que ça remonte le moral. En tous cas je l'espère, car c'est pour ça que je vous raconte tout ça. Pour vous faire rire et vous aider à dédramatiser ces étapes délicates de la vie qui peuvent parfois terrifier.

J'aimerais vous dire que tout devient plus simple avec le temps. C'est peut-être vrai pour les autres, mais malheureusement ça ne l'a jamais été pour moi. J'ose à peine vous raconter mon emménagement avec Tanguy au bout de deux ans de relation. Vous allez vraiment penser que je suis une poissarde. Allez, pas de honte entre nous, je me lance ! Notre premier appartement était situé près de Gap, en pleine montagne. Moins animé tu meurs ! Mais ça, ce n'était pas notre plus gros problème. Non, le vrai problème c'est qu'on n'a pas emménagé tout seuls. En plein déménagement, un pote de Tanguy en galère d'appart m'a demandé si on pouvait le loger deux ou trois jours, le temps qu'il se retourne. Vous imaginez le *bad trip* ? Tanguy et moi, on était super heureux de se retrouver enfin dans notre premier chez nous, et voilà qu'un mec tapait l'incruste.

Évidemment, au bout de trois jours le mec était toujours là à squatter sans scrupules notre canapé. Un vrai poison ! Il ne faisait jamais les courses, ni la vaisselle ni la cuisine. Quand on regardait un film à la télé, il débarquait et changeait de chaîne sans même nous demander si on était d'accord. Il restait toute la journée vautré sur le sofa à ne rien faire du tout. Un vrai squatteur. À l'époque, on avait deux canapés dans le salon, un minuscule deux-places où on était obligés Tanguy et moi de se faire tout petits, et un grand où le mec s'étalait sans complexes. Délirant ! Le pire, c'était la nuit. Vu qu'on ne roulait pas sur l'or avec Tanguy, on n'allumait pas le chauffage. Ça nous coûtait trop cher. Et devinez quoi ? Chaque soir, le mec attendait qu'on aille se coucher pour monter le chauffage à fond dans le salon. De la chambre, on entendait le clic du radiateur. Au bout de trois semaines, j'ai pété un plomb et je l'ai viré de l'appartement. Bon débarras ! On l'a remplacé par un chat et un lapin. Au final, je ne suis pas si sûre que ça qu'on avait gagné au change… Le chat me pissait dessus, quant au lapin il faisait un bruit d'enfer la nuit et nous empêchait de dormir. En même temps, ces petits tracas n'étaient rien comparés au plaisir qu'on éprouvait avec Tanguy de pouvoir enfin faire ce qu'on voulait. C'était la vraie liberté ! On était jeunes, heureux et insouciants, et quand on avait un problème, on appelait les parents de Tanguy à la rescousse. Ce qui, à vrai dire, arrivait à peu près tout le temps.

Vous allez finir par croire que je suis maudite. Pourtant, je vous promets que je suis d'excellente composition. Je mets même du cœur à l'ouvrage la plupart du temps. Tenez, pour me payer mon permis de conduire, j'ai travaillé pendant des mois dans un fast-food. J'avais 17 ans, et franchement j'ai vécu l'enfer. Les clients étaient exécrables, ils me traitaient comme une moins que rien. Figurez-vous qu'un jour, l'improbable s'est produit. Je me suis retrouvée nez à nez avec un ex-ami de la famille. Un type que je connaissais depuis des années, très proche de mes parents et avec qui on fêtait régulièrement Noël. Mais il s'était embrouillé avec mon père et avait disparu du radar. Eh bien ce mec était là, devant le comptoir. Là, vous vous dites que c'est l'heure des réconciliations, que sa présence m'est réconfortante dans ce monde de brutes où je travaillais. Eh bien pas du tout ! Bienvenue en enfer, au contraire. Le mec m'a pris pour sa tête de turc. Il a passé son temps à m'insulter, à s'approcher de moi et à me glisser à l'oreille que j'étais une pute. Barjot, le mec ! Il se prenait pour qui ? Personne n'a le droit d'insulter et de rabaisser quelqu'un. On est tous égaux, non ?

Mais je crois que ça n'a pas été ça le pire. C'est vous dire la poisse que j'ai… Pour mon premier vrai job, là encore j'ai vécu une expérience improbable. J'étais vendeuse dans une boutique. Ma patronne était tout le temps accrochée à mes basques. Elle m'appelait toutes les heures pour me dire de vendre davantage, de pousser les clientes à prendre la carte de fidélité ou à acheter des articles spécifiques. Mentalement, c'était ingérable. Heureusement, je m'étais liée d'amitié avec une de mes collègues. Ça me mettait du baume au cœur. Mais visiblement, ma chef était allergique au bonheur. Si, si, ça arrive ! Il y a des gens comme ça, qui ne supportent pas de voir les autres heureux, mais ça, j'y reviendrai plus tard. Toujours est-il qu'un jour, ma supérieure m'a chopée pour m'interdire d'avoir des amies au travail. Vous y croyez, vous ? Elle m'a carrément balancé qu'elle ne me garderait pas si je continuais à fréquenter ma collègue. Elle avait peur qu'on se prenne la tête toutes les deux, qu'on se dispute et que ça ait des conséquences sur la boutique. Pourtant, quand j'ai quitté mon job, elle m'a glissé : « Si un jour tu veux revenir, n'hésite pas, je t'embauche. J'avais plein d'*a priori* sur toi au début, mais tu m'as agréablement surprise. » Figurez-vous que je l'ai crue ! C'est tout moi, ça. Alors quand j'ai eu besoin de retravailler, je l'ai appelée comme elle me l'avait conseillé. Devinez quoi… Elle m'a claqué la porte au nez. Et tout ça pourquoi ? Parce que j'étais restée amie avec mon ancienne collègue. Elle est pas belle, la vie ?

11

Mon quotidien avec Tanguy

Vivre au quotidien avec quelqu'un, c'est un job à plein temps. Tout se planifie. L'organisation des tâches ménagères, les plages de repos, le temps que l'on consacre à l'autre... Il faut être assez indépendants pour ne pas envahir l'espace de l'autre, assez complices pour ne pas se lasser, assez tolérants pour ne pas s'engueuler. Et si avec tout ça vous n'êtes pas déjà crevée, il vous reste un peu de temps pour aimer. J'exagère, bien sûr, mais quand même... La vie à deux, c'est du boulot ! Heureusement, j'ai trouvé l'homme idéal. Soyez pas jalouses, les filles, il y en a d'autres sur Terre, mais j'avoue que j'ai piqué le meilleur. J'ai pourtant plein de défauts. Je suis impatiente par exemple. Une file d'attente ? Je trépigne, mais je me tais. Je n'impose jamais aux autres mon mécontentement car je ne supporte pas les gens qui râlent pour rien. J'ai besoin aussi que tout soit planifié tout de suite. Tanguy, ça le saoule, car lui ne planifie jamais rien. Je suis impulsive mais je me soigne, trop méfiante aussi. Je n'ai confiance en personne à l'exception de Tanguy et d'une poignée d'amis. Ma situation fait que je ne laisse pas entrer grand monde dans ma sphère personnelle et que je me livre peu. Au moins, ça m'empêche de tomber sur les fesses et d'accumuler les déceptions. Je suis à la fois audacieuse et extrêmement précautionneuse. Bon, j'ai quand même des qualités. Je suis à l'écoute des autres. Si mes amis vont mal, je peux m'arrêter de vivre pendant trois jours pour aller les soutenir. Je ferme les écoutilles et je me concentre intégralement sur leur bien-être.

Vous voyez, je fais rarement dans la demi-mesure. Avec moi, ça peut rapidement devenir les montagnes russes émotionnelles. Tout le contraire de Tanguy pour qui tout est d'une simplicité sans nom. Il est super facile à vivre, toujours calme. On se fâche rarement. Attention, ce n'était pas comme ça au début. On a mis du temps à trouver nos marques, et puis j'étais beaucoup plus impulsive à l'époque. Du coup, tout était bon pour élever la voix. Aujourd'hui, Tanguy me connaît par cœur. Il sent quand j'ai envie d'aller au combat, et il fuit illico. Plus zen que Tanguy, ça n'existe pas. Parfois, c'est limite insupportable ! Je vais vous faire rire, mais il m'est déjà arrivé de briser des objets pour le forcer à réagir ! Une bonbonnière, des verres, un pot à céréales... Mais bon, quand tu vis avec quelqu'un qui ne s'énerve jamais, il faut bien que tu trouves le moyen de le faire sortir de ses gonds, non ? Ou alors il garde tout pour lui, et ça, c'est très mauvais, et pour un couple et pour la santé. En général, quand je casse un truc, ça marche. Tanguy s'énerve sévère. Mais moi, tout de suite je regrette. Je me dis : « Oups, je préfèrerais qu'il se calme finalement. » On n'est jamais contentes, hein ? Quand on s'engueule, c'est assez drôle. Généralement, on reste chacun dans une pièce de l'appartement et on n'en bouge plus. Souvent, c'est Tanguy qui brise la glace, tout mielleux, et hop, on se réconcilie. Moi, je suis plus bornée. Mais quand j'ai vraiment dépassé les bornes je sais aussi revenir !

Enfin, comme je vous le disais, les petites bagarres sont rarissimes. La plupart du temps, avec Tanguy, on se marre comme des fous. Lui et moi on est de vrais enfants. Vous savez, je suis le genre de fille qui peut danser toute seule et sauter dans tous les sens pendant un quart d'heure si elle apprend une bonne nouvelle. J'ai une grenouillère dans laquelle je m'emmitoufle pour dormir quand il fait très froid. Souvent, le soir, je l'enfile et on met la musique de *Denver, le dernier dinosaure*, et j'improvise une danse. C'est bête, mais ça nous fait hurler de rire.

Dans le genre enfantin aussi, on a succombé au fameux « Mais t'es où ? Pas là ! », inspiré de la chanson de Vianney. Tous les jours on se tape des délires à répétition. Genre : « Mais il est où, mon téléphone ? Pas là ! » Non, vous voyez, je n'ai pas honte de grand-chose.

Je vous disais que j'avais trouvé l'homme parfait. Voici les preuves de ce que j'avance. Un : c'est toujours Tanguy qui fait la cuisine. Et je peux vous dire que mes copines n'en reviennent pas. Ça ne marche pas vraiment dans ce sens-là chez elles. En même temps, Tanguy a vite compris que s'il voulait bien manger il allait falloir qu'il se mette aux fourneaux. Perso, je suis un désastre ambulant en cuisine. Je sais faire les tartes aux pommes et les crumbles mais c'est à peu près tout. Bref, ça ne nourrit pas son homme. Alors que Tanguy, il te mélange les épices, les saveurs, il innove, tente des expériences gustatives… Un vrai chef ! En femme aimante, je fais attention à ne pas contrarier ses talents culinaires ! Normal, non ? Deux : c'est également Tanguy qui s'occupe du linge sale afin que je ne m'arrache pas un ongle en sortant de la machine les vêtements mouillés. C'est pas classe, ça ? Trois : avec moi, Tanguy ne ferme jamais l'œil de la nuit. Mais malgré ça il est d'une tendresse infinie. Dans le lit, on est insupportables. Tanguy a la figure collée à la table de nuit tandis que j'essaye de me blottir contre lui ! Quand je vous dis que je ne le laisse jamais tranquille… Cerise sur le gâteau, j'ai des troubles du sommeil et je fais régulièrement des crises de somnambulisme. Je parle toutes les nuits, il paraît même que je suis mauvaise ! Et quand Tanguy me dit de me taire, je lui parle super mal. Parfois, je me lève en criant : « Attention, il y a quelqu'un à la fenêtre ! », et Tanguy me répond d'un air las : « Calme-toi, tu dors. » Il arrive quand même que je le fasse flipper, par exemple quand je m'assois sur le lit en silence et que je fixe le mur comme les chats. Ou, comme une nuit, quand je suis partie en courant chercher un couteau dans la cuisine. Heureusement, j'ai retrouvé mes esprits très vite. Vous imaginez ? Ça aurait pu être super dangereux.

Petite, déjà, il m'arrivait d'être somnambule. Une fois, j'ai baissé ma culotte pour faire pipi sur un tabouret. Régulièrement, au milieu de la nuit je m'installais à table, je mettais mes couverts pour le petit déjeuner et j'attendais qu'on me serve. Je me suis même réveillée une fois dans le lit de mes parents, le chien accroché à mon pouce ! Ce chien a toujours eu une dent contre moi… C'est le cas de le dire. Il passait son temps à me bouffer les chevilles. Dès que mon père m'appelait, il m'attaquait. Il était totalement caractériel et ne supportait pas d'entendre mon prénom. Le chien qui nous fait un *nervous breakdown* et se rebelle contre la fille de la famille, on n'a jamais vu ça, non ?

Avec Tanguy, on fait la guerre aux habitudes. On déteste ça, les habitudes. Vous connaissez pire tue-l'amour ? La seule que l'on ait, avec Tanguy, c'est de se poser un soir dans la semaine pour regarder nos séries préférées. De toute façon, je vais vous dire, je n'ai pas le temps pour les habitudes. J'ai rarement une minute à moi pour me poser, et ça me va bien. Je n'aime pas les choses redondantes, le quotidien qui ne bouge pas d'un iota. Avec Tanguy, on fait très attention à ne pas s'enliser dans une routine. C'est important si l'on veut que le couple dure. Ne pas être trop possessif, permettre à l'autre de respirer et de faire des choses de son côté, en solitaire. On a chacun notre vie, nos amis, et même notre salle de sport. Je me suis inscrite dans un club exclusivement réservé aux filles pour faire de la pole dance et du yoga. Tanguy, lui, ne vient jamais aux soirées organisées avec mes copines. Quant à moi, je squatte souvent ses soirées avec ses potes. Ça équilibre !

En revanche, on essaie de se garder des moments rien qu'à nous. Histoire de ne pas se perdre de vue, vous voyez ! Parce qu'avec nos activités et nos vies de dingues, on ne fait parfois que se croiser, et à la longue c'est assez frustrant. On s'organise des surprises, on essaie de faire plaisir à l'autre. Il y a quelques années, j'ai dit à Tanguy que je rêvais de faire du camping sauvage et de griller des chamallows au coin du feu. Le problème, c'est que c'est totalement interdit. Mais ça ne l'a pas arrêté. Un soir, alors que je rentrais du boulot, j'ai aperçu une tente sur notre balcon. Tanguy avait préparé des sandwiches et téléchargé des films d'horreur sur l'ordinateur. On s'est posés sous la tente et on a grillé des chamallows à la bougie. C'était super romantique. Mais au bout d'une heure, on était tellement mal installés qu'on s'est rapatriés dans notre lit ! Mais c'est l'intention qui compte, non ? Ne serait-ce que pour la beauté du geste.

Tanguy est un vrai romantique. Le genre d'homme qui multiplie les petites attentions et trouve toujours le cadeau d'anniversaire idéal ou sortant de l'ordinaire. Et ça, vous savez comment ça s'appelle ? L'éducation ! Vous pensez que ça lui est venu naturellement ? Pas du tout. Je l'ai guidé millimètre par millimètre. Il a commencé en faisant quelques faux pas, du genre m'offrir un coffret de trucs à la vanille alors que je déteste la vanille, ou inscrire sur une carte d'anniversaire : « Je t'aime toujours. » C'était gentil, mais j'ai dû lui expliquer que le « toujours » était de trop. En fait, je l'avais super mal pris car pour moi ça voulait dire : « Je t'aime malgré tous tes défauts et tout ce qui ne va pas entre nous. » Je lui ai demandé si c'était ce qu'il pensait, s'il essayait de me transmettre un message. Il m'a regardée d'un air dubitatif. Il ne comprenait pas vraiment ce que je lui disais. Lui voulait juste me faire une déclaration d'amour. Le pauvre ! Mais moi, ça m'a tellement ébranlée que j'ai même montré la carte à ma mère !

Ce sont les deux seules fois où il s'est planté pour les cadeaux. On apprend tous de ses erreurs. Moi j'ai compris qu'il fallait que j'élève mon jeu, que je sois plus maligne et sans doute plus directive. Donc quand je veux vraiment un truc, je le marque partout dans l'appartement. Et là, magique, Tanguy capte le message ! Je l'amène chez Sephora avant Noël pour lui montrer les produits que j'aime. Une fois, j'ai même mis la photo d'un sac à main de chez Zara que j'adorais en fond d'écran de son ordinateur pour qu'il comprenne le message. Pourtant, j'ai provoqué un flop intégral. Ça devait grésiller sur la ligne, il n'a jamais compris l'allusion et je n'ai jamais eu mon sac. Comme quoi la suggestion n'est pas une science exacte. Il vaut mieux amener ton mec directement en magasin, lui mettre la main sur le sac et le traîner vers la caisse.

Mais là, je lui fais un mauvais procès, car je ne compte plus le nombre de fois où il s'est démené pour dénicher des cadeaux personnalisés qui vont droit au cœur. Un jour, il m'a offert des M&M's sur lesquels il y avait la photo de mon visage. C'était tellement mignon. Pour mes 20 ans, il m'a offert 20 cadeaux. Et dès que je n'ai pas le moral, il me ramène ma nourriture préférée : du carpaccio et des Maltesers. Du coup, parfois je suis un peu tordue. Quand j'ai envie de manger un carpaccio, je lui dis : « Hum… je pense que ce soir, je ne vais pas me sentir bien. » Et quand il manque à son devoir, je l'engueule. C'est presque systématique, et c'est terrible. L'une des choses les plus touchantes qu'il ait faites, c'est au moment du divorce de mes parents. Je ne l'oublierai jamais. Je me sentais si mal… Pour me consoler, il m'avait confectionné une boîte dans laquelle il avait caché tous les petits trucs qui me faisaient du bien : du chocolat, de la barbe à papa, et plein d'autres trucs. Il y a eu aussi ce jour horrible où je galérais sur le montage d'une vidéo. L'ordinateur plantait sans cesse, l'enfer ! J'ai fini par lâcher l'éponge, hyper énervée, et je suis allée me coucher. Pendant la nuit, Tanguy s'est levé et il a pris la relève alors qu'il n'est vraiment pas un spécialiste du montage. Quand je me suis levée le lendemain matin, la vidéo était bouclée et mise en ligne. Alors oui, un mec romantique, ça n'a pas de prix. Vous savez, ce sont souvent les petites attentions qui changent la vie et la rendent plus belle.

Vous vous dites sûrement : « Et Noémie, dans tout ça ? » Bon, O.K., c'est clair, je n'arrive pas à la cheville de Tanguy. Le romantisme n'est pas vraiment une seconde nature chez moi. Ah si, une fois, j'ai offert à Tanguy de la lingerie dans un paquet cadeau. La lingerie, c'était pour moi, pas pour lui. Toutes les femmes font ça, non ? J'ai un doute tout à coup… Faut dire que Tanguy ne m'aide pas beaucoup. Il ne demande jamais rien, et quand il veut quelque chose il est super difficile. En plus, quand il craque vraiment sur un truc, il se l'achète tout seul, sans rien dire à personne. À une exception près. Récemment, il voulait une paire de baskets Stan Smith vertes. Je me suis dit : « Génial ! Celles-là, c'est pour moi. » Mais il en avait visiblement déjà parlé à sa mère car elle m'a pris de vitesse. Je ne lui en ai pas voulu, au contraire. On ne fait pas le poids face à une mère.

Je suis très proche de la famille de Tanguy. Ses parents sont des gens admirables. Tanguy dit toujours que ses parents sont parfaits. C'est rare d'entendre ça, non ? J'étais si jeune quand je les ai connus. Ils m'ont toujours prise sous leur aile et me considèrent comme un membre de la fratrie. Je crois même que pour le père de Tanguy je suis la fille qu'il n'a jamais eue. Il est fan de ce que je fais, c'est tellement touchant. Tanguy m'a raconté dernièrement que son père visionnait les vidéos de ma chaîne YouTube en boucle. Pas spécialement pour ce que je dis, le monde de la mode et de la beauté il s'en fout royalement, mais pour savoir ce que je fais. Il s'intéresse énormément à mes projets, il est toujours là pour me soutenir, me faire des *feedbacks* sur mes vidéos. À chaque fois que je le vois, il me demande même comment ça se passe avec les abonnées, et il clique dès qu'il peut sur mes vidéos pour y ajouter des vues. J'adore ! Quand on est en vacances, les parents de Tanguy vont tous les jours sur Instagram pour regarder nos photos et s'assurer qu'on va bien. Il y a quelques mois, je suis passée dans *Femme Actuelle*. La mère de Tanguy a fait tous les bureaux de tabac pour trouver le magazine. C'est tellement beau, et c'est rare, non, de s'entendre aussi bien avec ses beaux-parents ? À mon avis, je suis mûre pour le *Guinness des records*.

12

Fidèle à tout prix

Vous trouvez ça *old school,* ou héroïque ? Indispensable, ou superflu ? Oui, vous en pensez quoi, vous, de la fidélité ? Pour moi, c'est une chose sur laquelle je ne fais aucun compromis, la base de tout engagement, de tout serment, ma promesse à Tanguy et celle que j'attends de lui en retour. Bref, vous l'aurez compris, pour moi, pas d'amour ni de couple sans que l'on se soit juré fidélité l'un à l'autre. Et pour ça, pas besoin de passer devant l'autel. C'est une discipline, les filles, ou une évidence. Ça dépend des gens.

Moi, mon mec c'est mon mec, je ne le partage pas. Franchement, est-ce qu'on partage sa lingerie, son iPhone ou ses Louboutin ? Non ! Précisons-le quand même, un mec est plus précieux que ces trois accessoires réunis... O.K., vous allez me dire que ça dépend des hommes et… des Louboutin ! Je suis d'accord, mais le mien c'est un diamant pur, alors je dis non, non, non ! Je veux bien éventuellement essayer de le cloner, mais c'est le mieux que je puisse faire, les filles !

Un jour, en feuilletant un magazine féminin, j'ai lu le témoignage d'un type qui parlait de son couple et affirmait que les hommes avaient le devoir absolu de tromper leur femme de temps en temps. Selon lui, c'était une façon de leur prouver leur amour et de flatter leur égo puisque, au final, ils revenaient toujours à elles et ne s'échappaient jamais avec leur maîtresse. Sérieux, on est censé sauter de joie ? « Il m'a trompée mais il revient, c'est top, ça me permet de me sentir réellement épanouie ! Je l'en remercie de tout mon cœur ! Ben oui, c'est logique ! » Euh, ce n'est pas vraiment ma conception des choses, ou alors je ne vis pas sur la même planète. Je veux bien que les hommes viennent de Mars et les femmes de Venus, mais là, quand même, on n'est pas branchés sur la même fréquence ! Vous ne pensez pas, vous, que les hommes ont d'autres moyens à leur disposition pour nous prouver qu'ils nous aiment ? Faisons simple. Les fleurs, par exemple, les mots d'amour, les chocolats, les câlins, les SMS romantiques, les surnoms… Je continue ? Il peut faire les courses aussi, la cuisine, la lessive. C'est pas plus cool que de découcher et d'aller se taper une autre nana ? Enfin, je ne sais pas, mais moi je considère qu'un mec a le devoir de rendre une femme heureuse et de rentrer à la maison le soir !

Vous allez penser que je ne suis pas partageuse. Pas du tout ! Vous pouvez venir mettre les mains dans mon dressing et embarquer toutes les fringues qui vous plaisent (euh, temporairement, hein !), vous pouvez même venir me piquer mes vernis ou mes derniers fonds de teint, pas de soucis ! Mais l'amour, ça ne se trouve pas dans les rayons de Sephora, même si je suis sûre que ça a dû arriver à certaines veinardes. C'est tellement rare et précieux. Combien de fois dans une vie on se dit « c'est lui, je le sais, je pourrais passer l'éternité avec lui » ? Une fois ? Deux si on a de la chance ? Alors que côté vernis ou côté fringues, on ne va pas se mentir, on se le répète environ quinze fois par jour, du moins quand on passe la tête dans une boutique. Vous êtes d'accord avec moi, les filles ?

Vous l'aurez compris, je suis une fidèle de chez fidèle. C'est comme ça depuis toujours. C'est presque épidermique chez moi. Enfin, rassurez-vous, je ne suis pas psychorigide. Je ne juge pas du tout les gens infidèles, mais de là à faire de la tromperie un art de vivre… ça craint ! En réalité, la chose qui me dépasse vraiment n'est pas en soi la tromperie, mais plutôt le *statu quo*. Vous savez, ces femmes ou ces hommes trompés qui décident malgré tout de rester avec leur conjoint, de passer l'éponge. Je ne comprends pas comment on peut continuer à vivre avec quelqu'un qui vous a été infidèle. Je connais plein de gens qui ont été trompés et n'ont pas quitté leur conjoint. Or aujourd'hui, je constate qu'ils sont malheureux. J'ai même une copine qui, par vengeance, a rendu la pareille à son mec en le trompant à son tour. Quel est l'intérêt ? Ça devient carrément un cercle infernal, là ! Si on reste, autant au moins essayer de repartir à zéro. On efface tout et on recommence, les compteurs sont vierges et les sentiments assagis.

Le couple est basé sur la confiance. Mais quand cette confiance est rompue c'est foutu ! Tout devient suspect. Tout devient trouble. Par exemple quand ton mec sort voir ses potes. Comment rester calme, ne pas s'inquiéter s'il rentre plus tard que prévu ? Ça te bouffe la vie, non ? Je ne vois pas comment on peut être heureuse et sereine après une telle trahison. C'est inimaginable pour moi. Et pourtant, aujourd'hui l'infidélité est hyper banalisée. On nous fait croire que ce n'est pas grave. On met un pansement dessus, et hop, ça va mieux ! Un petit coup de mercurochrome ni vu ni connu, et tout va bien. Mais si on creuse c'est plus complexe. Ça pose des tonnes de questions. La première étant sûrement : comment se reconstruire et reprendre confiance en soi après ça ? Et si on joue les cartésiennes et les filles hyper organisées, quel est l'intérêt d'avoir une maîtresse ou un amant ? Franchement, quelle galère ! C'est de l'organisation, il faut toujours se voir en catimini, tu voles quelques heures au temps, et basta. En plus, t'as toujours peur de te faire choper ou carrément d'être prise en flag. Tu crains le SMS malheureux, le coup de fil qui te grille. Ah, non ! Merci la crise de nerfs. T'es jamais tranquille, en fait. Quel calvaire…

Bon, O.K., je reconnais qu'il y a des nuances. Est-ce qu'embrasser c'est tromper ? Un peu, beaucoup, passionnément ? D'accord, c'est pas très grave. Tu ne vas pas te séparer de quelqu'un pour ça. Mais faire l'amour avec une autre, ou un autre, là oui, c'est grave. Et puis, franchement, ça ne vous fait pas marrer, vous, cette pauvre excuse qu'on entend tout le temps : « Désolée, chérie, j'étais ivre mort, j'ai pas réfléchi, c'était un accident » ? Euh… Il veut dire qu'à aucun moment il a repris ses esprits ? Qu'il a trop bu pour se souvenir qu'il avait quelqu'un dans sa vie ? Genre t'es devenu amnésique, en plus ? On est d'accord, les filles, ça ne tient pas la route une seule seconde ! Si tu réussis à draguer une autre fille que ta copine, tu dois bien être capable de penser deux secondes, non ?

À vrai dire, je suis assez féroce quand il s'agit d'infidélité. À la première alerte je me métamorphose en Columbo et je mène l'enquête. Honnêtement, je serais capable de partir en filature, de louer une voiture et de suivre Tanguy pour être sûre qu'il ne me trompe pas. Eh oui, je suis capable de tout ! D'ailleurs, pour tout vous dire, au début de notre histoire je l'ai testé. C'est pas joli joli, je l'avoue, mais je voulais savoir à qui j'avais affaire. Alors je lui ai envoyé un SMS depuis le téléphone d'une copine. Le SMS disait : « C'est Vanessa, tu peux passer quand tu veux, où tu veux. J'ai craqué pour tes jolis yeux bleus. » O.K., on a fait plus original, mais je vous jure qu'en matière d'efficacité, c'est redoutable ! Tanguy a répondu : « Hello, Vanessa. Tu as un skype ? » Il ignorait qui c'était et voulait voir son visage pour vérifier s'il la connaissait, ou pas. Bref, il n'est pas du tout rentré dans le jeu de la séduction. Ouf ! Quand je vous dis qu'il est parfait, vous me croyez maintenant ? Forcément, c'est à ce moment-là que je me suis dit : « Toi, tu ne vas pas me passer sous le nez mon coco. Tu ne vas nulle part. Je te garde pour moi. »

C'est drôle, ça doit se savoir dans mon cercle d'amis que je suis assez bornée dès qu'on aborde le sujet de l'infidélité. Parce que j'ai des copines qui ont attendu un long moment avant de m'avouer qu'elles avaient trompé leur mec. Elles avaient peur de ma réaction, j'imagine. Mais honnêtement, je ne suis pas là pour les juger. Elles mènent la vie qu'elles souhaitent. Je ne vais pas les empêcher d'aller voir ailleurs si c'est réellement ce qu'elles souhaitent. De toute façon, ça m'étonnerait qu'elles m'appellent à ce moment-là. Genre : « Bon, Noémie, je suis sur le point d'embrasser un homme qui n'a absolument rien à voir avec mon mec. D'ailleurs, je te le confirme, ce n'est pas mon mec. Comment il s'appelle ? Euh, Paul, je crois. Non, Thomas ! Oui, Thomas, c'est ça. Ou Fred, je sais plus. Bon, on s'en fout. Tu me conseilles quoi ? Je pars ou je reste ? » Vous imaginez la scène ? Ne rêvons pas, ça n'arrivera jamais. D'ailleurs, mes amies ne m'ont jamais mêlée à leurs combines. Elles ne m'ont jamais demandé de les couvrir, et de ça, je leur en suis reconnaissante. Pour tout vous dire, je ne l'aurais pas fait. Hors de question ! Et la plupart du temps, quand mes copines me racontent qu'elles ont trompé leur copain, je suis vraiment triste. Je me dis : le pauvre, il est cocu. Oui, c'est la première chose qui me vient à l'esprit. C'est fou, non ? La seconde, c'est que si cela m'arrivait, j'aimerais qu'on me le dise. C'est vrai, après tout, quand tu t'investis dans une relation avec une personne qui te trompe, c'est horrible. Construire un couple sur un mensonge ça vous fait envie, vous ?

Vous pensez que c'est rare d'être comme ça à 25 ans ? Je ne crois pas. Nous, enfants de divorcés, on a peut-être envie de contrecarrer le schéma familial, de réussir là où nos parents ont échoué. C'est joli, comme une revanche sur la vie, cette volonté de réparer les erreurs des grands ou d'apprendre de leurs erreurs *a minima*. J'ai une idée romantique du couple. Je crois qu'on peut s'aimer toute une vie. Et je trouve que l'infidélité est une preuve de faiblesse mais pas forcément de désamour. C'est trop facile d'aller voir ailleurs. Franchement, qui n'a jamais été tenté ? Allez, les filles, on ne va pas se mentir ! Les mecs et les nanas canons ça court les rues. C'est normal d'être séduit, presque obligé. Mais vous ne trouvez pas que la beauté d'un couple c'est justement de résister à la tentation ? Je vous fais une promesse, ici et maintenant : je résisterai toute ma vie. Si, si, si ! Et si Tanguy, lui, n'y arrive pas, il finira sous terre ! Je sortirai les crocs !

Bon, il ne pourra pas me dire que je ne l'ai pas prévenu, hein ! C'est écrit noir sur blanc maintenant. Si Tanguy me trompait, je partirais, c'est comme ça. *Adios, amigo* ! Je serais sans doute malheureuse comme la pierre, mais je ne reviendrais jamais. Heureusement, sur ce point-là je touche du bois, Tanguy et moi on est sur la même longueur d'ondes. Lui aussi déteste l'infidélité. Il m'a toujours dit en rigolant : « Ou alors il faut que dans le couple les deux soient d'accord avec ça, mais à ce moment-là ça s'appelle de l'échangisme, pas de la tromperie. » Si Tanguy me trompait, ça serait franchement l'une des pires expériences de ma vie. Je tenterais tout pour sortir la tête de l'eau et ne pas tomber en dépression. Je sortirais, je supprimerais toutes ses photos, je barrerais son nom en rouge dans ce livre, je jetterais ses affaires, je ferais comme s'il n'avait jamais existé. Vous voyez un autre moyen d'aller mieux, vous ? Moi, je ne vois pas comment passer à autre chose si trop de souvenirs vous ramènent à l'homme que vous aimez.

Pour tout vous dire, on s'est dit un jour avec Tanguy qu'on avait chacun droit à une incartade, lui avec Megan Fox, moi avec Dean, de la série *Supernatural*. Mais bon, c'était pour rigoler ! Surtout que Megan Fox vient de divorcer ! Alors pas touche ! On reste sagement à la maison. Pas question de prendre le premier vol pour Hollywood ! L'amour doit être plus fort qu'une bombe atomique, vous ne trouvez pas ?

13

Toc ! Toc ! Toc !

Vous connaissez Monk, ce flic totalement toqué, maniaque et hypocondriaque, héros d'une série télé américaine ? Eh bien dans une autre vie j'ai dû être sa fille. Oubliez la Noémie pleine d'assurance et de légèreté que vous voyez à l'image. Vous n'avez pas encore découvert mon côté obscur ! J'ai quelques troubles obsessionnels compulsifs, communément appelés TOCS. En clair, j'ai souvent des comportements répétés et ritualisés qui permettent, paraît-il, de soulager des tensions ou des formes d'anxiété. Plus concrètement ?

Par exemple je vérifie trois fois la clenche de la porte avant de sortir de chez moi pour m'assurer qu'elle est bien fermée. Pas deux fois, ni quatre… trois. Soyons précis. Sinon j'ai peur qu'il arrive quelque chose. Je fais également toujours le tour de la maison avant de partir de peur d'avoir laissé une bougie allumée. Je vérifie enfin que tout soit débranché, les appareils électriques, les machines, tout sauf la box. Pas très envie de la réinitialiser à chaque fois que je rentre ! Vous verriez le tableau ! J'éloigne tous les appareils de la prise au cas où... Comme s'ils allaient se rebrancher tout seuls ! C'est grave ! Il y a sûrement de la superstition dans tout ça, des peurs irrationnelles. Peur de mettre le feu (ce qui m'est déjà arrivé, je précise), peur de perdre tout ce que j'ai... Allez savoir ! Une chose est sûre, c'est que le pauvre Tanguy craque dès qu'on met un pied en-dehors de la maison. Parce que des fois, je lui demande de revérifier derrière moi. Ben oui, je tiens à être doublement rassurée. Ça le rend fou, et je le comprends. D'autant que ça nous met toujours en retard. Dès qu'on part en vacances ou qu'on a un train à prendre on est systématiquement à la ramasse. Le temps de faire le tour de l'appartement trois fois, de tout débrancher, de tout éloigner des prises, de vérifier la clenche de la porte... on a déjà perdu au moins un quart d'heure.

Mais ce n'est pas fini. Une fois qu'on est sorti de l'appartement et qu'on est enfin installés dans la voiture, il y a d'autres règles à respecter pour que je sois sereine. La musique par exemple. Il faut que le volume soit réglé sur 20. Pas sur 21, et encore moins sur 13, vous imaginez bien. Bon, je ne suis pas totalement psychorigide, j'accepte aussi qu'il soit sur 22, 25 ou 30. En clair : un multiple de cinq ou de deux. C'est avoir l'art de se compliquer la vie, non ? C'est plus fort que moi, c'est même incontrôlable. Allez savoir pourquoi, ça me rassure. Mais je vous jure que c'est chiant à vivre au quotidien. Imaginez le nombre de situations étranges que je rencontre quand je monte dans la voiture de quelqu'un ! À chaque fois je vérifie la puissance du volume et je lance au conducteur : « Excuse-moi, je suis un peu tarée avec ça, mais la musique, tu peux la mettre sur 20, 22 ou sur 25 s'il te plaît ? Mais pas sur 21. »

Vous vous demandez sûrement pourquoi je ne me déplace pas plutôt à pied. Ça serait plus simple. Eh bien non ! C'est pareil ! Et même plus contraignant, je dirais. Si le sol comporte des lignes, comme du carrelage par exemple, ou des carreaux, je m'interdis de marcher sur les délimitations. Il faut que je pose mes pieds dans les cases. Je le fais même chez moi, parfois. Quand je vous dis qu'il y a du Monk en moi ! Dans la rue du coup, il m'arrive de marcher bizarrement, comme vous pouvez vous en douter. Dès que Tanguy me voit faire, il intervient et me dit : « Stop ! Ça suffit maintenant ! Contrôle-toi ! » Et j'essaie, je vous le promets. Quand je suis en société, je prends sur moi la plupart du temps, et heureusement, je ne me mets pas à sautiller sur le carrelage et à débrancher tous leurs appareils électriques !

Mais quand je suis chez moi la nature revient au galop. Dans mon dressing, tout est au carré. Les autres pièces de la maison je m'en fiche, mais dans mon dressing, je ne veux pas voir un truc qui dépasse. C'est devenu une telle obsession, un TOC tellement maladif que parfois, ça me pose problème. Dire que j'étais bordélique il y a quinze ans… Aujourd'hui je suis une vraie maniaque. C'est à peine pensable. Quand je suis contrariée, ou quand j'ai un truc qui m'encombre la tête, je vide tous mes tiroirs et je les range à nouveau. Vous trouvez ça bizarre ? Moi, ça me permet de faire du tri dans mon esprit et dans ma vie. Parce qu'autant vous dire que dans ma tête, c'est le bordel complet ! C'est pour cette raison que je tiens un planning de mes rendez-vous et de mes vidéos. Sinon, je m'emmêle les pinceaux. De manière générale, dès que je vis une déception, je range, je trie, je jette, comme si ça me permettait de tout laisser derrière moi et de passer à autre chose. Il y a quelques mois, j'ai vécu une sévère désillusion avec une youtubeuse. Pour la faire courte, elle a prétendu être mon amie, m'a piqué ensuite plein d'idées et de conseils pour la gestion de sa chaîne, puis elle a cessé de me donner des nouvelles et a complètement disparu de la circulation. Aujourd'hui je m'en fiche, cette déconvenue m'a même servi de motivation pour avancer, mais sur le coup, ça m'a tellement énervée que j'ai trié toutes mes affaires ! Tout le maquillage que je n'utilisais pas je l'ai offert à une amie, et les fringues je les ai données à Emmaüs. J'ai vidé la moitié de mon dressing ! Croyez-le ou non, ça m'a fait un bien fou et ça m'a permis de totalement digérer cette déception amicale.

Mon plus gros problème, c'est la nourriture. J'aime rien. C'est un vrai casse-tête. Dès que je vais au restaurant, chez des amis ou chez des gens que je ne connais pas, ça me met dans des situations délicates. Je me demande toujours avec angoisse ce que je vais trouver dans mon assiette. Je me sens super mal... En vacances, on passe des heures avec Tanguy à chercher un restaurant parce que rien ne me convient jamais, et on finit toujours par rendre les armes et avaler un MacDo ou un carpaccio. C'est naze ! C'est pour ça qu'on part souvent en vacances en formule *all inclusive*. Avec ce système, on sait qu'on aura un buffet immense à tous les repas et que tout le monde trouvera son bonheur.

Je pense que mes parents ne m'ont pas assez forcée à manger quand j'étais petite. Honnêtement je le regrette, parce que c'est un véritable handicap social. Petite, j'angoissais à tous les repas, et ce dès qu'on me mettait un plat sous le nez. Je ne mangeais rien. Mon père m'engueulait, il m'empêchait de quitter la table tant que je n'avais pas fini mon assiette. Ma mère arrivait à faire en sorte que je file dans ma chambre, mais mon père allait mettre l'assiette au frigo pour que je la mange le lendemain. L'horreur. Aujourd'hui, j'essaye vraiment de régler cette angoisse et de me soigner. Je me force. Je suis adulte, alors je fais des efforts. Bon, je vous rassure, il y a quand même des choses que j'aime : les carpaccios par exemple, ou la mâche, le concombre, le citron, le poulet à la crème, les quiches aux légumes, les pâtes bolognaises... En revanche, je déteste les tomates crues. Je suis toujours à deux doigts de vomir quand j'en ai sous les yeux. Le jour où j'aurai des enfants, je ferai en sorte qu'ils mangent de tout dès le départ. Je vais vraiment me renseigner sur la meilleure façon de développer leurs palais et leurs goûts afin qu'ils ne se retrouvent pas dans ma situation.

La bonne nouvelle, c'est que je suis une vraie bonne vivante, je vois toujours les choses du bon côté et je n'ai pas beaucoup d'angoisses dans la vie, à part le vertige et le noir. Ça ne m'empêche pas d'adorer les manèges. J'aime bien me faire palpiter le cœur. En même temps, plus je vieillis et plus je sais mesurer les dangers. Par exemple je ne vais plus dans les manèges où je ne suis pas tenue. Ça me fait trop peur. Si vous voulez m'entraîner pour faire de l'escalade, n'oubliez pas d'appeler les pompiers. J'ai pratiqué ce truc une fois, et je pense que tous mes potes s'en rappellent encore. J'étais à un mètre du sol, et en moins de deux, me voilà tétanisée. Je me suis mise à crier : « À l'aide ! Venez m'aider ! » Les gens autour de moi me regardaient, atterrés. Ils me lançaient : « Mais lâche-toi, t'es seulement à un mètre du sol, tu vas tomber sur tes pieds. » Moi j'étais paralysée, je continuais de hurler. Une vraie crise de panique.

C'est pareil avec le noir. Je suis incapable de dormir dans le noir complet. Ça me terrifie. À mon avis, j'ai vu trop de films d'horreurs dans mon enfance. Un soir, j'étais petite, je suis passée dans le salon pendant que mes parents regardaient la télévision. Ils étaient devant un film d'horreur qui mettait en scène des poupées en porcelaine absolument terrifiantes. Depuis, j'en ai super peur. Pareil pour les clowns, à cause du livre *Ça*, de Stephen King. Mettez-moi devant un clown et je hurle. Il y a des choses comme ça qui vous marquent à vie. Depuis toute petite, je vous l'ai dit, j'ai des problèmes de sommeil. Quand je suis toute seule, j'ai du mal à m'endormir. En revanche, à l'hôtel ça va car je me sens entourée et donc protégée. Pareil quand je suis avec Tanguy ou avec des copines, là, je sais que je vais très bien dormir. D'ailleurs, quand Tanguy sort avec ses potes et qu'à 3 heures du mat il n'est toujours pas rentré, je n'arrive pas à m'endormir. J'ai des palpitations, je tourne dans le lit. Je suis obligée de l'attendre pour réussir à m'apaiser et à fermer l'œil. Je suis sûre que c'est lié aux trop nombreux films d'horreur que j'ai vus dans mon enfance et qui m'ont traumatisée. Mais comme je ne suis pas à une contradiction prêt, figurez-vous que je suis aujourd'hui *addict* aux films d'horreur. Je suis même une véritable fanatique de ce cinéma. Un comble, non ?

Je suis sans cesse partagée entre la peur et l'excitation. D'ailleurs, pour tout vous dire, j'adore les lieux abandonnés et chargés d'histoire. J'en ai repéré un en Belgique avec mon amie Audrey. On pensait y aller pour Halloween, mais on a finalement changé d'avis car quelqu'un nous avait prévenues qu'on pouvait tomber sur des squatteurs. En plus, c'est un endroit insalubre, qui menace de s'effondrer. On a donc rebroussé chemin. Je suis extrêmement intriguée par tous ces lieux, en particulier ceux où se sont déroulés des événements incroyables. Non pas que j'ai envie de tomber nez à nez avec un fantôme, c'est pas ça, mais j'aime les ruines abandonnées, j'aime les endroits où il s'est peut-être déroulé un drame, où tout a été laissé tel quel. J'ai envie de voir si l'on ressent quelque chose en se baladant dans ces lieux. En fait, j'ai envie de tout tester dans ma vie. Je suis une fille curieuse. J'aime tenter des trucs bizarres, histoire de me dire que je l'ai fait au moins une fois dans ma vie.

Je ne crois pas au destin. Je pense qu'on se forge soi-même sa destinée. C'est sans doute pour ça que je profite tellement de la vie, car j'ai peur qu'il n'y ait rien derrière. De manière générale, je ne crois que ce que je vois. Mais je me dis que si j'existe, d'autres formes d'humanité peuvent exister. Il ne m'est jamais rien arrivé d'étrange, de surnaturel. À mes parents, oui, c'était avant ma naissance. Ils vivaient alors dans une maison où il se passait des choses hyper bizarres. Toute la journée ils entendaient des coups dans le mur, comme si quelqu'un cognait sur les parois. Les portes des pièces dans lesquelles ils entraient se fermaient toutes seules et ne se rouvraient plus. Et dès qu'ils voulaient ouvrir la porte d'un placard, elle se refermait illico et ne s'ouvrait plus elle aussi. Ce phénomène est même arrivé à mon père alors qu'il était aux toilettes. Autant vous dire qu'il a halluciné parce qu'il n'est pas du tout branché forces occultes et monde invisible. C'est un cartésien, comme moi. Pourtant, les choses n'ont fait qu'empirer. Les bruits ne cessaient jamais. Les phénomènes paranormaux perduraient sans que mes parents y trouvent la moindre explication. C'était tellement infernal qu'ils ont dû déménager. Ils avaient peur pour mon grand frère qui était encore bébé. Après avoir quitté les lieux, ils ont fini par se renseigner sur la maison. Ils ont alors appris qu'il y avait eu là deux suicides, notamment une personne qui s'était pendue dans le placard avec des bas. Perturbant, non ? Je ne sais pas ce que tout ça veut dire, mais une chose est sûre, si un jour je dois acheter une maison, je me renseignerai avant sur son histoire et celle de ses occupants.

14

Appelez-moi miss Catastrophe !

Je suis une catastrophe ambulante. C'est comme ça, j'ai appris à vivre avec… Mes proches aussi. En même temps, avec moi, vous êtes sûrs de ne jamais vous ennuyer. L'inimaginable est permis, l'imprévu est monnaie courante. Toutes les folies sont possibles du moment qu'elles se terminent mal ! N'essayez pas de trouver quelqu'un qui ait autant la poisse que moi. Ça n'existe pas ! Ou alors, donnez-moi vite ses coordonnées, ça me consolera. En lisant ce livre, j'imagine que vous aurez déjà compris que mon quotidien n'est pas de tout repos et que je m'attends chaque jour à ce qu'un truc improbable me tombe dessus. Sur ce point, je me trompe rarement. Mais je vous ai gardé le meilleur pour la fin. Les plus grosses catastrophes, celles qui auraient pu m'envoyer à la morgue ou détruire tout un immeuble. Les plus festives aussi, parce qu'après tout on est surtout là pour s'amuser, non ?

Heureusement que je vois toujours la vie du bon côté, que je ne me laisse pas facilement déprimer et que je trouve toujours l'énergie pour rebondir. Sinon, je pense que j'aurais franchement du mal à garder le sourire. Je ne sais pas, vous réagiriez comment, vous, si vous vous leviez toujours du mauvais pied et que chaque virée en ville portait son lot de contrariétés logistiques ? Je vous jure que vous ne seriez pas loin de la crise de nerfs. Et tous les plus beaux vernis du monde que vous pourriez vous acheter en cadeau ne suffiraient pas à vous consoler ! Je sais, dit comme ça, ça paraît dingue. Surtout pour une *beauty addict* comme moi. Mais on ne peut pas tout compenser en achetant un vernis, sachez-le, les filles ! Parfois, il faut carrément passer au cran au-dessus – j'entends une paire de Louboutin – pour aller mieux !

Alors par quoi commencer pour que vous compreniez où vous mettez les pieds ? Peut-être par le jour où j'ai mis le feu chez moi. C'est un bon début, non ? Pour que tout soit clair dès le début, je vous rappelle que je suis une pitoyable cuisinière et que le chef, à la maison, c'est Tanguy ! Ce jour-là, j'étais au téléphone avec une amie quand soudain j'ai eu un petit creux. Du coup, j'ai allumé le four sans vraiment faire attention (j'était bien plus concentrée sur ce que me racontait mon amie, vous pensez bien) et évidemment je me suis trompée de bouton. À la place, sans m'en rendre compte, j'ai allumé les plaques. Sauf que sur les plaques, j'avais posé un chiffon. Sur le coup je n'ai pas tilté, et je suis sortie de la cuisine pour continuer ma conversation. Il y a quand même des priorités dans la vie ! Au bout d'un moment, j'ai entendu sonner le détecteur de fumée. Mon amie m'a alors lancé : « Il se passe quoi, chez toi ? » J'ai répondu : « Je ne sais pas. C'est chez toi je pense, non ? » Déjà là, vous vous dites qu'elle est un peu bizarre, la fille. Ça sonne en mode concert de hard rock dans son couloir et elle pense que le bruit parvient du téléphone ! Quand j'ai finalement réalisé que ça sonnait chez moi, j'étais tétanisée. Je ne comprenais pas du tout ce qu'il se passait. Finalement, j'ai pris mon courage à deux mains et je me suis approchée de là où venait le bruit, sur la pointe des pieds. Je suis rentrée dans la cuisine et là, c'était le chaos, le noir complet ! Il y avait plein de fumée. De la suie s'était déjà répandue sur les murs. Mais moi, je ne me suis pas inquiétée et j'ai naïvement pensé que ça venait de dehors. Un peu branque, la fille… Quand tout à coup, j'ai repéré le torchon en feu sur les plaques ! Me voilà prête à agir. Là, plus question d'être à l'ouest ! J'ai pris les choses en mains. J'ai attrapé une pince et, avec une dextérité digne des plus grandes gymnastes, j'ai balancé le torchon dans l'évier et l'ai aspergé d'eau. Mission réussie ! Incendie contenu. Même pas besoin d'appeler les pompiers, la classe ! Je vous rassure, ma période d'autocongratulation n'a pas duré très longtemps. Parce que si le feu s'était arrêté, le détecteur de fumée, lui, continuait de hurler à la mort. Et moi je me débattais avec l'objet sans trouver le bouton « *off* ».

Au bout une demi-heure, on aurait pu penser que ce raffut infernal alerterait les voisins, que quelqu'un sonnerait pour proposer son aide, ou du moins s'inquiéter de la situation. Je vous le donne en mille : *nada* ! Pas l'ombre d'un voisin à ma porte. Visiblement, l'immeuble pouvait bien partir en cendres, ça ne les émoustillait pas plus que ça. J'étais donc réduite à un combat à armes inégales avec un détecteur de fumée pervers, chouinant plus fort qu'un nourrisson. L'enfer ! J'avais au moins les deux tympans percés, le bruit était tellement fort que j'en pleurais. Je me débattais comme je pouvais, mais impossible de trouver le moyen d'éteindre cette saleté. Au bout d'un moment, je me suis dis que j'allais attraper un balai et assommer le détecteur à coups de manche. Sauf que je n'avais pas de balai et que je n'étais pas sûre que ma méthode soit aussi efficace avec mon aspirateur. On est d'accord… Alors comme toujours dans ce genre de situation, j'ai appelé Tanguy à l'aide. Mais il était avec des potes en train de siroter une bière dans leur piscine et il n'a jamais entendu son téléphone. En désespoir de cause, j'ai escaladé une chaise et arraché le détecteur du plafond. Je lui ai tapé dessus façon boxeur professionnel. Incroyable : il continuait de sonner ! Ça a duré comme ça près d'un quart d'heure. Je ne savais plus quoi faire ! Appeler les pompiers ? La honte. J'ai préféré prendre la télécommande pour taper plus fort. Toujours rien. Et toujours ce bruit strident qui commençait à me rendre littéralement hystérique… Il ne me restait qu'une seule issue : dégainer l'arme secrète, appeler le père de Tanguy. Lui au moins, il a décroché, c'était pas comme son fils. J'étais en larmes au téléphone. Il entendait à peine ce que je racontais, tout se mélangeait entre le bruit du détecteur et mes sanglots. Il m'a calmée et m'a expliqué comment éteindre l'appareil. Il fallait juste le refixer au plafond et appuyer légèrement dessus. Quoi ? C'était ça, la solution, caresser cet engin de malheur ? Je vous jure qu'il vaut mieux être zen dans la vie…

En attendant, je ne vous explique pas l'état de l'appartement après ce drame. L'horreur ! Ça a pué le cramé pendant une semaine. Du coup, j'en ai tiré une leçon. C'est vrai après tout, j'aurais pu mettre le feu chez moi. Vous imaginez la catastrophe ? À présent, j'essaie de me concentrer. J'arrête de faire trois choses en même temps, surtout quand je mets un pied dans la cuisine. Quoi, vous ne me croyez pas ? Bon, O.K., c'est vrai qu'un soir on a cramé une casserole avec Tanguy. On rentrait de soirée, on avait faim. On avait décidé de se préparer un plat de pâtes. Sauf qu'on était crevés et qu'évidemment, on est allés se coucher en oubliant les pâtes sur le feu. Au milieu de la nuit, Tanguy s'est levé, réveillé par l'odeur de cramé. Il est entré dans la cuisine, c'était noir de fumée. Pas inquiet pour un sou, il a éteint le gaz et est tranquillement retourné se coucher en laissant tout en plan ! Ça a encore pué pendant des semaines…

À défaut de détruire mon appartement, j'ai réussi à mettre en pièces ma voiture. Certes, j'ai dû m'y prendre en deux fois, mais vous constaterez à quel point je n'ai pas manqué d'imagination pour envoyer mon bolide à la casse. Un tel souci de destruction organisée mérite le respect ! À l'époque, j'avais une Twingo. Vous savez, le genre de modèle dont les portes se ferment automatiquement même si vous oubliez les clés sur le démarreur. Bref, le type de caisse qu'il ne faut absolument pas me laisser entre les mains tellement je suis tête en l'air. Et ce qui devait arriver arriva. Un soir, donc, je ferme la voiture mais j'oublie les clés dans l'habitacle. Je rentre chez moi. Avec

Tanguy, on avait prévu d'aller au cinéma. Mais sans voiture, autant oublier ! On appelle son père, qui est garagiste. « Prends un cintre, fais un crochet, et en passant par-dessus la portière tu devrais atteindre le loquet », qu'il dit à Tanguy. O.K. ! Y'a que dans les films où c'est aussi simple et que les mecs se barrent avec leur caisse en dix secondes chrono. Nous, on a essayé la technique pendant des heures, en vain. À mon avis, faut quand même avoir le coup de main et pas mal d'entraînement pour réussir à ouvrir une portière avec un cintre. C'est pas donné à tout le monde, je vous le dis. Et ce n'est pas la peine d'imaginer qu'avec un cintre métallique, plus fin, ça changera les choses. Rien ! Résultat : le père de Tanguy a pris sa voiture en pleine nuit (il était quand même déjà minuit et il habitait à une heure et demie de route), et en plein hiver, pour venir nous dépanner. Tout ça pour quoi finalement, puisque j'ai fini par crasher ma voiture quelques semaines plus tard dans un ravin… Ne riez pas, c'est pas drôle !

Avant de vous raconter ce crash d'anthologie, il faut que je plante le décor et que je vous précise une chose d'importance : personne n'a jamais compris comment j'ai décroché mon permis de conduire. Moi non plus d'ailleurs. Au point où la première fois que j'ai conduit toute seule, j'étais accrochée au volant, totalement tétanisée. C'était l'horreur. J'avais l'impression que je n'arriverais jamais à avancer. Je suais des gouttes. J'avais tellement peur que je roulais à deux à l'heure et je me garais uniquement là où il y avait la place pour 20 voitures. Euh… ça, ça n'a pas trop changé à vrai dire. Ne vous moquez pas, hein ! Et pourtant, admirez l'exploit, j'ai eu le permis du premier coup ! Oui, vous pouvez applaudir les filles, parce que ce fut un véritable miracle. Le jour de l'examen, j'étais naze et je le savais. D'ailleurs, la patronne de mon auto-école m'avait annoncé que je ne décrocherais jamais mon permis. Super encourageant, non ? Dans la voiture, je ne faisais que parler à l'examinateur, histoire de lui faire croire que j'étais à l'aise. En fait, je tremblais intérieurement, vous imaginez bien. Après quelques minutes de conduite, première erreur : je sors de la route et je roule sur le bas-côté. Là, je me dis : « C'est bon, je l'ai raté. » Mais je reste focus. Je ne baisse pas les bras. Soudain, l'examinateur me demande de faire un demi-tour trois temps. O.K., c'est technique, mais c'est moins dur que ça en a l'air à l'oreille ! J'entame la manœuvre, sûre de moi. Ouais, un demi-tour trois temps, je gère, les filles ! Enfin, ça, c'est seulement dans mes rêves. Dans la réalité, je me suis trop approchée d'un arbre, la fenêtre arrière était ouverte, une branche est rentrée dans la voiture et la personne assise à l'arrière se l'est prise en pleine figure. Heureusement, elle a su rester digne…

et surtout bouche bée. C'est peut-être ce qui m'a sauvée, non ? En tout cas, deux jours plus tard je recevais la lettre m'indiquant que j'avais mon permis. J'étais hystérique. Franchement, sur le coup, j'ai pensé que c'était une erreur ! J'ai immédiatement appelé les parents de Tanguy pour leur annoncer la bonne nouvelle. Ils n'en revenaient pas. Je crois qu'ils n'étaient pas très rassurés à vrai dire. Ils ont dû penser à Tanguy qui conduit comme un Dieu et qui a dû pourtant passer trois fois son permis avant de le décrocher...

Voilà ! Maintenant que le cadre est planté, vous allez mieux comprendre la suite. C'était un matin, en plein hiver. Je vivais près de Gap à l'époque, et la chaussée était couverte de neige. J'étais en retard pour aller travailler. Je roulais vite et j'ai dérapé en freinant sur la glace. La voiture a fait un saut de dix mètres et a atterri dans un champ après avoir arraché un petit arbre. À côté de moi, il y avait une autre voiture qui s'était crashée, mais carrément contre un arbre. Flippant ! Quand je repense à toute cette histoire aujourd'hui, ça me fait vraiment rire. Mais je peux vous dire que sur le coup, j'ai eu la peur de ma vie. Mon sac, que j'avais laissé ouvert sur le siège passager, s'est déversé dans le choc et j'ai tout pris dans la figure. Évidemment, il était rempli de merdes qui peuvent blesser. Et j'ai eu hyper mal ! Mon visage me piquait tellement que sur l'instant, j'ai pensé que la vitre m'avait pété au visage. J'ai eu vraiment peur. Je tremblais, j'avais mal au dos. La première chose que j'ai faite, c'est d'appeler Tanguy. Le pauvre bossait à deux cents kilomètres de là, à Marignane, donc autant vous dire qu'il ne pouvait rien faire pour moi. À part l'inquiéter, mon coup de fil n'a pas servi à grand-chose. Si, Tanguy m'a quand même conseillé d'appeler le voisin pour qu'il vienne m'aider, et les pompiers !

Quand cet accident est arrivé, j'avais 18 ans. Ce qui implique deux choses. Un : je n'étais pas super débrouillarde. Deux : j'étais à moitié à poil parce que toute jeune fille de 18 ans qui se respecte n'a en principe jamais peur du froid polaire. Donc, il avait beau faire moins quinze degrés, je portais une mini-jupe et des collants opaques, le tout rehaussé d'une petite veste légère. J'étais frigorifiée. Je sautillais dans la neige pour essayer de me réchauffer, quand je me suis soudain rappelé un film catastrophe que j'avais vu récemment et où les sauveteurs précisaient qu'il ne fallait jamais bouger après un accident, au risque d'aggraver les blessures et de provoquer de graves séquelles. Terrorisée, je me suis ruée dans l'habitacle et assise sur mon siège, et je n'en ai plus bougé ! On est d'accord, c'était un peu tard... Mais je vous rappelle quand même que j'avais 18 ans et que ma jupe était aussi courte qu'un boxer ! Au bout d'une heure, le voisin s'est enfin pointé. En m'apercevant congelée sur mon siège, il a attrapé une couverture aux motifs façon zèbre qui trônait sur la plage arrière et m'a enroulée dedans. Bonjour le look pour l'arrivée des pompiers ! En même temps, ils ont mis deux heures à arriver. Le camion peinait sur la route en raison de la neige qui s'était mise sérieusement à tomber.

Ne me demandez pas pourquoi ils sont venus à quatre camions ! Si ça ce n'est pas un sauvetage de princesse ! Près de dix pompiers rien que pour moi. Le traitement VIP, s'il vous plaît, parce que je le vaux bien ! Quand ils sont arrivés, leur première question a été : « Ça va ? Vous n'êtes pas sortie du véhicule ? » J'ai menti. J'ai répondu non parce que j'avais toujours ce film qui me trottait dans la tête et une peur bleue de me faire engueuler par mes sauveurs. Grave erreur ! Pensant que j'étais immobilisée, ils ont désincarcéré la voiture ! Oui, vous avez bien lu, ils ont découpé ma portière pour me sortir. Et moi qui n'osais rien dire… Comment laisser des pompiers détruire votre voiture préférée en toute impunité ? Appelez-moi, j'ai quelques idées ! Au final, je me suis retrouvée avec ma Twingo HS, et moi la tête pendante sur un brancard tandis que les pompiers tentaient délicatement de me rhabiller. Je crois que ma jupe s'était relevée de façon indécente dans le feu de l'action… Je pensais enfin être sortie d'affaire, mais non ! Après quelques mètres, les sauveteurs ont trébuché, brancard à la main, et je suis tombée dans la neige ! Sérieusement, ça arrive aussi à d'autres ces choses-là ? Laissez-moi réfléchir… Ah, oui ! À Tanguy.

On a une habitude, Tanguy et moi, c'est de passer les Nouvel An les plus pourris qui soient. Je ne sais pas pour vous, mais nous, le soir du 31 compte systématiquement parmi nos pires soirées de l'année. Ça part toujours en vrille. Comme cette soirée où nos potes ont eu la bonne idée, à 23 heures, de la finir en boîte. Bilan : à minuit, on était bloqués avec la voiture dans les bouchons, et une fois arrivés dans la boîte, un mec totalement bourré s'est rué sur moi et m'a balancé son verre à la figure ! Je ne l'avais jamais vu de ma vie ! Quant au dernier Nouvel An, qu'on a fêté chez une de mes copines, Tanguy avait une gastro-entérite. Il vomissait, avait de la fièvre. Mais comme mon mec est un gentleman, il s'est forcé à venir pour ne pas me gâcher la soirée. Bon, je ne vous cache pas qu'il m'a accompagnée en mode légume. Logique ! Le pauvre était au bout du rouleau et attendait que ça se finisse avachi dans le canapé. Quand minuit a sonné, il a commencé à entrevoir la fin, le soulagement agrippé au ventre. Tout le monde s'est souhaité la bonne année, on allait pouvoir décoller. Non ! Non ! Et non ! C'est le moment exact qu'a choisi le fils de ma copine pour se mettre à tousser et à cracher du sang. Autant vous dire que ni une ni deux, c'était le branle-bas de combat. Le gamin avait un an et demi, on était tous paniqués. Nous voilà en route vers les urgences, Tanguy au volant. Forcément, c'était le seul qui n'avait pas bu d'alcool. Arrivés à l'hosto, c'était la cour des miracles. La salle d'attente était remplie de mecs totalement déchirés, la gueule en sang. Horrible ! Tanguy, lui, est resté dans la voiture. Et comme si ça ne suffisait pas, en essayant de se garer il a heurté un plot de stationnement. Heureusement, la voiture n'a rien eu, mais ça s'est joué à pas grand-chose. Quand on est enfin rentrés à la maison pour se coucher, il faisait presque jour. Tanguy était tellement mal… Il était brûlant. Je lui ai filé un cachet de Doliprane 1 000 qu'il a avalé cul-sec. Il se sentait si mal qu'il ne m'a même pas laissé le temps de lui apporter un verre d'eau !

15

Disney et moi

Il y a un côté enfant très fort chez moi. Je ne suis pas naïve mais j'aime l'insouciance, voltiger dans les airs, m'amuser. Alors forcément, l'un de mes endroits préférés sur la planète, c'est le monde merveilleux de Disney. Je ne suis jamais allée à Disneyworld, à Orlando en Floride, mais c'est prévu à très court terme. En revanche, j'ai eu la chance de passer une journée complètement folle à Eurodisney à l'occasion d'un *event* pour les youtubeuses. C'était la première fois que je rencontrais autant de youtubeuses. On était des dizaines à profiter des manèges. C'était incroyable, d'autant que mon amie Audrey MarshmaloO était là elle-aussi. Je n'avais qu'une envie, partager ce moment si spécial avec ma communauté. Évidemment, vous commencez à me connaître, rien ne s'est déroulé comme prévu. Mon téléphone a surchauffé dans la poche arrière de mon jean et je n'ai pas pu prendre la moindre photo ni poster de vlog sur YouTube. Alors ce livre est l'occasion de vous faire enfin le récit de cette journée hors du commun.

Comme à mon habitude, j'avais préparé ma valise au dernier moment (soit à 3 heures du matin). Pourquoi faire simple quand on peut faire compliqué ? Ma valise était remplie de millions de choses qui ne servent à rien, *shopping addict* oblige. Notamment d'une robe de bal et d'une traîne. Allez savoir pourquoi… Qui peut porter un tel truc à Eurodisney ? Le jour J, j'opte finalement pour une tenue beaucoup plus adaptée à l'événement, l'une de mes plus belles robes, puis j'enfile un collant en principe super résistant (vous allez comprendre…) et une paire de bottines à talons. Côté beauté, je décide de boucler mes cheveux. Les boucles donnent toujours un effet plus coiffé qu'un simple lissage, et en prime les autres ont l'impression que vous avez passé un temps fou sur votre brushing… Ce qui n'est pas totalement faux ! Pour le make-up, je choisis la stratégie « vu le retard que j'ai pris, je fais simple », c'est à dire liner et mascara. Pour le reste, j'attrape mon maquillage d'une main (que j'ai mis en vrac dans une trousse, ne rajoutons pas de challenge supplémentaire), mes pinceaux de l'autre, je mets mon sac en bandoulière et je file en vitesse jusqu'à la voiture que Tanguy a déjà sorti du garage. Allez savoir pourquoi je cours alors que la voiture ne se trouve qu'à trois mètres de moi. Toujours est-il que je perds le minimum de classe qui m'animait encore une seconde plus tôt. J'ouvre la portière passager à l'aide des deux doigts libres qui me restent, et là… c'est le drame ! Je glisse, perds l'équilibre, et mon sac se renverse à terre. Un type qui passe par là au même moment explose de rire. J'aurais réagi de la même manière à vrai dire. Je ne me démonte pas, me ressaisis dans la seconde, ramasse mon maquillage et dis adieu à mon gloss qui a disparu sous la voiture. Paix à son âme, je l'aimais tant ! Bilan de l'opération : un collant sale noirci par le pneu de la voiture et un ongle arraché. Mais aucune tâche sur les fesses. Ouf !

Finalement, je réussis à attraper mon train à trois minutes du départ. Vous connaissez mon mal des transports, vous pouvez donc mesurer l'immensité de mon soulagement à cet instant précis. Trois heures plus tard, j'arrive en gare de Marne-la-Vallée, berceau d'Eurodisney. Je me lève d'un bond, et c'est à nouveau le drame : une partie métallique de mon sac à mains, que je maudis encore à ce jour, s'accroche à mon collant et le déchire. Vous imaginez mon look en débarquant au point de ralliement de toutes les youtubeuses ? Je me suis empressée de leur raconter mes péripéties matinales. Je n'allais tout de même pas les laisser croire que sortir dans cet état était habituel chez moi. Ça ne va pas la tête ? Mais le principal était que j'arrive en un seul et même morceau. Oups, erreur !

J'en frissonne encore en repensant à mon ongle arraché. RIP !

L'avantage de participer à un *event* à Eurodisney, c'est qu'on vous laisse profiter des manèges à sensations fortes. On nous avait carrément prévu une après-midi de libre rien que pour ça. Vous imaginez la torture si on avait été privées de sortie ? *No way* ! Mais honnêtement, les manèges, ce n'est pas la chose la plus géniale là-bas. Je vous entends déjà me répondre : « Ben, non, c'est de prendre une photo avec Minnie. » Figurez-vous que c'est encore mieux que ça ! Tout est prévu pour que vous vous transformiez en Minnie. Car dans les boutiques on trouve tout ce qui est possible et inimaginable à son effigie. En quelques achats bien ciblés, oreilles en velours noir ou à sequin rose hyper *girly*, chaussettes, gants, vous devenez son sosie parfait, vous êtes fin prête pour gambader en toute tranquillité dans les allées du parc d'attraction à la recherche de votre Mickey (autant joindre l'utile à l'agréable). Et alors tout est possible, vous pouvez même la jouer *Alerte à Malibu* version Eurodisney sans avoir l'air ridicule. Bon, nous sommes bien d'accord, il y aura toujours des âmes égarées, avec un corps de déesse, dotées de faux ongles et d'extensions, pour se foutre royalement de vous et de votre démarche de star improvisée, mais qu'importe ? Le ridicule ne tue pas, et encore moins dans le monde merveilleux de Disney. Du coup, j'ai mis le paquet et j'ai dévalisé la boutique. Après, on a pris quelques *selfies* avec les filles, moi avec mes oreilles de Minnie à sequin rose (oui, j'opte toujours pour les plus voyantes, j'ai une réputation à tenir), avec dans mes bras la peluche Alien à trois yeux de *Toy Story* ! Et parce que la magie opère toujours à Eurodisney, j'ai gardé mes oreilles sur la tête pendant l'intégralité du séjour, c'est à dire deux jours.

Je n'ai pas vu le temps passer. À peine arrivée qu'il était déjà l'heure de dire au revoir à tout le monde, notamment à Audrey, et de sauter dans le train du retour. Évidemment, les obstacles se sont accumulés sur mon passage. D'abord, mon wagon était blindé de monde, il ne restait plus une place où poser ma valise. Mais rien ne m'arrête, ou alors c'est mal me connaître. N'oubliez pas que j'ai joué pendant des mois à Tetris dans la chambre de bonne de Tanguy pour réussir à caser mes affaires, alors vous pensez bien, un casier à bagages, ça ne me fait pas peur. J'ai fini par trouver une place parfaite entre deux valises que j'ai dû soulever à la force de mes poignets. Ça m'a valu ma tête des grands jours. Vous savez, cette tête genre basset artésien qui porte tous les malheurs du monde : « Oh, mon Dieu, je n'en peux plus de cet effort surhumain. » Chez moi, cela se manifeste par un mouvement au niveau de la partie droite de ma lèvre supérieure qui se relève toute seule pour former une grimace absolument repoussante.

Mais je n'en avais pas fini. Alors que je m'engage dans l'allée, une femme me barre l'accès et me lance : « Il n'y a plus de place. » Je la défie du regard. Hors de question que je passe les trois heures du voyage debout. Je me connais, je vais avoir l'air d'un chimpanzé se balançant de droite à gauche, sans aucun contrôle sur son corps. Je la contourne et parviens tant bien que mal jusqu'à ma place où un homme est assis, l'air de rien, qui m'ignore totalement. Me voilà forcée d'intervenir à nouveau. Je lui lance des yeux noirs et lui assène : « Je vais devoir vous faire bouger, c'est ma place. » Sans même un mot, le voilà qui attrape un sac à dos et s'éclipse. Sur le coup, je suis fière de moi. Fière de ne pas m'être laissé faire. Mais cette délectation ne dure qu'un temps. Très vite, je sens des yeux se poser sur moi. Je me retourne et je tombe nez à nez avec un homme qui, avec toute l'ironie du monde, me lance : « Sympa, le serre-tête. » Oups ! J'avais toujours les oreilles de Minnie sur la tête. Mon taux de crédibilité pour me faire respecter dans le train : zéro !

J'espérais enfin pouvoir dormir et récupérer de ma folle nuit avec Audrey – Hey, je vous vois venir ! N'imaginez pas n'importe quoi, hein ! Je parle de papotages entre filles, rien de plus –, mais comme un malheur n'arrive jamais seul, au moment où le sommeil commençait à m'emporter ma voisine me tapote le bras à plusieurs reprises et me demande de me lever afin qu'elle puisse aller « uriner ». Oui, vous avez bien lu, ce sont ses propres mots. Évidemment, je m'exécute. Je ne pouvais pas dire non. Et je fais mon possible pour rester éveillée le temps qu'elle revienne. Sauf qu'un quart d'heure plus tard, ma voisine n'était toujours pas dans le viseur. Ma tête se faisait de plus en plus lourde, et j'ai fini par m'endormir. Quand elle est revenue, réveil en fanfare ! J'ai fait un bond sur mon siège et j'ai poussé un grand cri.

Quand je suis rentrée à la maison, j'avais des étoiles plein les yeux. Oubliés toutes les contrariétés, les collants filés, les ongles arrachés, le portable en fumée, les trains bondés. Seul m'est resté le souvenir d'un séjour magique, cette impression délicate d'être retombée en enfance, avec les oreilles de Minnie en sequin rose pour prolonger le rêve…

16

Bonheur mode d'emploi

Vous connaissez la positive attitude ? Chez moi, c'est un art de vivre. Quelle que soit la catastrophe qui me tombe dessus, j'essaie toujours de voir le positif, ou du moins d'en tirer une leçon qui me permette d'en ressortir différente, plus forte, plus mûre, plus heureuse. Je reconnais que c'est une vraie discipline. Parfois, quand on traverse une passe difficile, on a plutôt envie de s'emmitoufler dans un plaid, de rester sur son canapé à pleurer toutes les larmes de son corps, d'épuiser le stock de kleenex, d'appeler ses copines pour se plaindre pendant des heures, voire des jours, et d'attraper un pot de Nutella et une cuillère (disons une louche !). J'avoue que ça fait du bien ça aussi ! Mais si on y réfléchit bien, ça ne fait pas vraiment avancer les choses. Votre cœur est un tout petit peu moins lourd, d'accord, mais à force de ressasser notre tristesse, on continue de voir tout en noir et de déprimer. Bref, bonjour tristesse ! Alors que si vous changez votre façon d'aborder les choses, si vous voyez dans les épreuves de la vie non pas un coup d'arrêt ou un obstacle mais un passage nécessaire qui vous permet d'apprendre et de grandir un peu plus vite, alors oui, vous vous relevez plus facilement. Plus fascinant encore, vous aimantez le bonheur.

J'essaie toujours de rire de mes mésaventures, de relativiser. Mais il faut bien avouer que je suis gâtée car je vous ai vous ! Et quand j'ai le moral en berne, il me suffit de vous lire, de vous parler ou de vous écrire pour me sentir moins triste. Vous n'imaginez pas l'énergie quotidienne que vous me transmettez. C'est comme si vous me faisiez une perfusion de vitamine C ou de bonheur grandeur nature. Rien que pour ça, je n'ai pas de mots assez forts pour vous dire merci. Oui, à vos côtés, c'est facile de voir la vie en rose, de penser positif, de distinguer le bien dans le brouillard. Et depuis le début de ma chaîne YouTube, mon seul objectif est de partager avec vous l'immense bien-être que vous me procurez chaque jour. J'espère que j'y arrive un peu. J'espère que je vous aide à regarder la vie sous un angle nouveau, celui du bonheur dans toute chose. D'ailleurs, et je ne suis pas sûre de vous en avoir déjà parlé, vous avez accompli un miracle. Oui, avant de vous connaître, j'étais allergique à la période des fêtes.

Noël, les sapins, les guirlandes, les flocons… Tout ça, ce n'est vraiment pas mon truc. On peut même dire que je déteste. Quand je vois tout le monde s'ébahir devant les vitrines de Noël décorées à foison, je trace ma route fissa. Allez savoir pourquoi, Noël me gonfle depuis toujours, c'est comme ça. Je suis contente quand cette période de fêtes est enfin finie. Je me dis : « On peut faire focus sur la saint Valentin maintenant ! » En revanche, je peux devenir totalement hystérique au moment d'Halloween. C'est vrai, je préfère les citrouilles et les crânes ensanglantés aux couronnes de gui et aux guirlandes. Elle est un peu bizarre, la fille ! À l'approche des fêtes, on fuit la ville avec Tanguy. Cette année, on a pris l'avion direction le Mexique. On a fêté Noël sous les palmiers, cocktail à la main et paréo autour de la taille. C'est quand même plus sympa que de regarder la neige tomber en doudoune, non ? J'ai pensé à tous mes potes en faisant ma valise de maillots de bain, ou lorsque j'ai plongé dans la mer de Cancun et visité le plus grand musée sous-marin du monde. C'est un truc de dingue. Tu plonges avec ton masque et ton tuba, et sous tes pieds tu peux admirer des centaines de statues géantes enfouies sous l'eau. Magique !

Mais attention, chacun son trip ! Je sais qu'il y a des gens qui préfèrent être dans un chalet sous la neige, et tant mieux pour eux ! Je n'ai jamais aimé le froid. Alors y foncer tout schuss, très peu pour moi. Pas besoin de vous dire que je suis une vraie buse en ski. La première fois que j'ai pris le tire-fesses, j'ai cru qu'il fallait vraiment s'asseoir de tout son poids sur l'espèce de rondelle. Je me suis pris les perches dans la figure et j'ai fini par terre, incapable de me relever. Ça m'a vaccinée. Merci bien ! Perso, je me sens mieux sur un transat que sur un tire-fesses. Je suis une fille du Nord qui aime vivre sous des cieux tempérés. Vous imaginez le rêve si l'on pouvait vivre à une température qui s'adapte à vos envies, en fonction de vos humeurs et de vos déplacements ?

Pour en revenir à Noël, je sais que vous êtes nombreuses à adorer cette période. Du coup, vous m'avez transmis le virus et vous m'avez permis cette année de traverser le mois de décembre le sourire aux lèvres. Comme je sais que c'est une époque importante pour vous, je me suis investie à fond. Rien que l'idée de vous aider dans vos décorations de Noël, de vous offrir des cadeaux ou de vous filer plein de bons tuyaux, ça m'a mise en joie. J'ai adoré fouiner dans les boutiques à la recherche d'idées cadeaux à moins de trente euros, des cadeaux qui, je l'espère, vous ont permis de faire plaisir à vos proches sans vous ruiner. J'ai adoré vous les offrir aussi, et imaginer les sourires sur vos visages. Cette année, je me suis creusé la tête pour vous proposer des *Do It Yourself* hyper originaux. Vous avez aimé les boules pour le bain qui crépitent dans l'eau ? Et cette couronne de l'Avent à accrocher sur la porte, ou cette bonbonnière décorative aux couleurs de l'hiver? Bon, je ne vous cache pas que je ne suis pas la plus manuelle des filles. Parfois, je réclame à Tanguy un coup de main. Il est bien plus doué que moi. Mais grâce à vous, je progresse, j'y arrive de mieux en mieux. Vous voyez, c'est plus fort que moi, je positive toujours. Même quand il s'agit de mes maladresses.

Ça agace parfois, cette façon de toujours voir le positif. Je souris pour un oui ou pour un non, et je sais que certaines personnes ne me supportent pas à cause de ça. Visiblement, elles doivent préférer qu'on leur fasse la gueule. Allez comprendre... Faut dire, on n'imagine pas le nombre de gens allergiques au bonheur et qui, en prime, souhaitent le malheur des autres. Ça m'a toujours semblé hallucinant, ce besoin d'être plus heureux que votre voisin. Franchement, ça enlève quoi à ton bonheur que les autres soient heureux eux aussi ? Je ne parle pas de vous, évidemment. Vous, je vous aime ! Et je ne compte plus le nombre de messages qui m'ont bouleversée, quand vous me remerciez de toujours privilégier la positive attitude. Je fais de mon mieux ! Mais je suis comme tout le monde, j'ai aussi mes moments de faiblesse, qui me font craquer. Cet été, il m'est arrivé un truc pas cool et qui m'a sans doute changée à tout jamais. Je suis restée chez moi à pleurer pendant trois jours avant de me ressaisir. J'ai cherché le positif dans l'affaire, pour finalement réaliser que je n'avais plus peur de rien. C'est ça, l'avantage d'affronter des épreuves et de les surmonter, on en ressort tellement plus fort.

Et puis, avouons aussi qu'on a le don de nous créer des problèmes là où ils n'ont pas lieu d'être. C'est très humain, ça, ou très féminin, allez savoir ! Qu'est-ce que vous en pensez ? C'est vrai, vous ne trouvez pas qu'on a la fâcheuse manie de se faire une montagne d'un truc qui peut être réglé en deux secondes ? Souvent, on s'engueule avec certaines personnes alors que ce n'est pas la fin du monde. Il suffirait juste d'appuyer sur pause, de prendre un peu de hauteur et de passer à autre chose pour que l'affaire soit réglée sans casse ni altercation. Mais non, nous on aime se prendre la tête pour rien. On adore se créer des problèmes. Et c'est triste de constater qu'il faut que des trucs horribles nous arrivent pour qu'on apprenne à relativiser, à nous concentrer sur ce qui est important et essentiel. Le bonheur, la joie, l'amour, nos proches, nos passions, nos amis, la solidarité, la générosité, la compassion…

Je vous avoue que cette façon d'appréhender la vie m'aide énormément, et au jour le jour, notamment avec YouTube. En six ans, j'ai appris quelques règles de base, notamment qu'il faut avoir les épaules solides pour s'aventurer sur la planète YouTube, ne pas manquer d'autodérision, faire preuve parfois d'un peu de cynisme, savoir lâcher prise et ne pas s'attarder sur ceux qui tentent de vous blesser. Il faut savoir encaisser les coups sans éprouver de rancœur, ou d'amertume, et parfois fermer la porte quand le mal se pointe dans l'embrasure. Sinon, l'expérience peut être destructrice. J'ai la chance d'avoir un sacré caractère. Cela m'aide énormément. Je suis toujours aux aguets, je veille à ne pas accorder ma confiance à n'importe qui, je fais attention à ce que je dis. Car sur YouTube, tout le monde peut reprendre tes propos, mal les interpréter et faire du mal. Bref, il faut sans cesse veiller au grain !

Je me souviens d'une mésaventure qui m'a vraiment choquée. Voilà l'histoire. Deux fillettes, 5 ou 6 ans, avaient posté une vidéo sur moi. Enfin, j'imagine que leurs parents les avaient aidées, car à 5 ans, je ne pense pas que tu puisses créer ta chaîne Youtube tout seul. Le titre de leur vidéo était : *Foutage de gueule à*

Noémie. Les deux petites filles me caricaturaient. Jusque-là ça allait, sauf que sous la vidéo les commentaires s'empilaient. Tout le monde me défendait en les attaquant, en les traitant de chiennes et de connasses. Comment peux-tu encaisser ça à 6 ans ? Tu ne sais pas ce que tu fais à cet âge-là ! J'étais tellement mal pour elles. Ça m'a fait une peine immense. Franchement, les parents ne se rendent pas compte à quel point ils exposent leurs enfants quand ils les aident à poster une vidéo sur YouTube. Ce n'est jamais indolore, ni innocent. Moi, j'ai attendu d'avoir 21 ans pour être sur YouTube. Il faut vraiment être bien dans sa tête, solide psychologiquement si l'on veut garder la santé !

Je vous avoue qu'à présent, les insultes me passent un peu par-dessus la tête. Heureusement, sinon je tomberais en dépression ! Dans ma communauté, j'ai un petit pourcentage de trolls, c'est à dire des gens qui ne cherchent qu'à m'en mettre plein la figure dès que je poste quelque chose. Des gens jaloux j'imagine, et malintentionnés. J'ai déjà bloqué deux ou trois personnes. Leur grand jeu, c'était de regarder mes vidéos de A à Z puis de tout critiquer dans l'intégralité. J'ai aussi un petit pourcentage de mecs qui me laissent des messages obscènes, du type : « T'es une salope ! », ou : « Espèce de pute, va te faire attraper par un cheval ! » Que répondre à tant de poésie ? Bon, dans ces cas-là, je supprime. Désolée les mecs, je ne fais pas partie de ces personnes-là ! D'ailleurs, je ne pratique pas l'équitation !

Eh oui, on trouve de tout sur YouTube ! J'avoue que lorsque j'observe un commentaire ridicule sur l'une de mes vidéos, je le laisse pour qu'on rigole tous ensemble. Il m'est arrivé qu'on me demande d'où venait mon carrelage (bonne question !). D'autres se sont attaqués à Tanguy. J'ai bloqué un mec qui avait osé écrire : « Tanguy a des dents de chameau et un visage de raton-laveur. Pour lui ressembler, vous devriez mettre votre tête dans un micro-ondes. » Ben voyons ! Le plus fréquent sont les attaques sur mon mode de vie. Dernier commentaire en date : « Donc, sa vie se résume à répondre aux commentaires, à se tartiner la gueule et à aller au lit. Quelle vie palpitante, la meuf ! Tu la lâches dans la forêt, elle crève en deux jours sans ses crèmes et ses bougies à la con. » Franchement, que voulez-vous que je réponde à ça ? J'ignore ces gens-là. Je m'en fous.

Il m'est arrivé une seule fois de réagir. Grave erreur ! J'ai bien vu que cela ne servait absolument à rien. Il s'agissait d'une jeune fille qui me laissait chaque jour des commentaires insultants. Très vite, je me suis rendu compte qu'elle était très jeune et je lui ai conseillé de mesurer ses propos. Dans la foulée, elle a créé un compte Instagram entièrement rempli de photos désavantageuses de moi (genre gros plans bien laids) et de notifications désobligeantes. Un jour, j'en ai eu marre. Je veux bien rester indifférente, mais faut pas abuser ! Illico, j'ai attrapé mon clavier et je lui ai envoyé un message salé en lui expliquant qu'elle était ridicule et qu'il serait de bon ton qu'elle arrête ses enfantillages. Réponse immédiate : « Merci pour ton message. Je suis trop contente ! J'ai écrit tout ça simplement pour que tu me répondes. » Mais sur quelle planète on vit ? Vous ne trouvez pas ça flippant, vous ? Comme quoi ça peut aller loin. Parfois, il y a des personnes qui vous idolâtrent tellement qu'elles sont prêtes à tout pour attirer votre attention, même au plus extrême. Cela m'a servi de leçon, je peux vous le dire. Désormais, je sais de qui je dois me méfier. Je me suis tellement fait avoir que j'ai fini par développer une espèce d'intuition innée. Quelle que soit la personne qui me fait face, je suis toujours sur mes gardes au départ. C'est vrai, après tout, vous ne savez jamais ce qui traverse la tête des gens…

J'ai essuyé plusieurs déconvenues depuis la création de ma chaîne YouTube. Avec une marque de bijoux notamment. La boîte m'avait envoyé des bijoux de leurs collections, je les adorais et je les avais portés plusieurs fois dans mes vidéos. Seulement la marque avait exigé que je poste mes vidéos à une date et une heure précises et je n'avais pas respecté leurs *desiderata*. Résultat ? La responsable de la marque a menacé de venir me casser la figure, voire de m'envoyer les flics pour récupérer les bijoux. On rêve, non ? J'ai quand même le droit d'être libre sur ma chaîne YouTube ! En attendant, j'ai renvoyé illico les bijoux. Il était hors de question que je les garde et que je les porte.

Mais bon, j'espère que je ne vous effraie pas ! Ne vous inquiétez pas, ce ne sont pas non plus des situations fréquentes. La plupart du temps, tout se passe bien, et même très bien. Il y a des marques extrêmement humaines, dirigées par des femmes extraordinaires et avec lesquelles j'ai noué des liens précieux. Je pense notamment à Karin Herzog, ou encore à la dirigeante d'une enseigne de para-pharmacie, qui me convient régulièrement à des événements, à Cannes ou en Espagne. Je me souviens d'un déplacement à Valence il y a deux ans avec plusieurs youtubeuses, un séjour organisé par la marque. À l'époque, j'étais sous Roaccutane, mon fameux traitement contre l'acné. On a assisté à un spectacle en extérieur, au soleil, j'avais oublié de mettre de la crème solaire. La dirigeante de la marque a attrapé un tube dans son sac et m'en a mis tendrement sur le visage. Elle a passé son temps à aller me chercher des bouteilles d'eau pour que je ne me déshydrate pas. Elle me demandait toutes les cinq minutes si j'allais bien et faisait en sorte que je ne sois pas en plein cagnard. Franchement, c'est beau ! Elle et moi, on se connaît peu. On s'est croisées trois fois dans notre vie. Mais à chaque fois, elle a été extrêmement maternelle avec moi, elle m'a prise sous son aile. C'est adorable de sa part, et ça fait un bien fou !

Parfois aussi, on vit des moments tellement drôles et improbables qu'ils restent gravés à jamais. Un jour, j'étais avec mon amie Audrey à une soirée à Cannes. Tout d'un coup débarque un type sorti de nulle part. C'était l'un de nos contacts professionnels en charge d'une marque d'extensions qu'on ne portait pas vraiment dans notre cœur. Toutes les deux avec Audrey, on avait refusé d'en parler sur nos chaînes car on trouvait la qualité des produits médiocre. Allez savoir comment le mec nous a retrouvées, toujours est-il qu'il a débarqué à cette soirée et essayé de nous convaincre de changer d'avis pendant un quart d'heure. Le problème, c'est qu'on avait un coup dans le nez avec Audrey. On était un peu amochées, si vous voyez ce que je veux dire. Vous imaginez l'étrangeté de la scène ? J'ai alors repensé au jour où j'avais reçu ces fameuses extensions. Accrochez-vous bien, j'avais les cheveux rouges à l'époque, et ils m'avaient envoyé des extensions violettes ! Surtout, ils avaient oublié dans le colis un chèque de quatre cents euros à l'attention du

Trésor Public, bref, un chèque destiné à payer leurs impôts ! Ils pensaient quoi ? Que j'allais le déposer pour eux aux services concernés de l'administration ?

Tout ça pour vous dire qu'on a le droit de rire et de sourire à la vie. C'est même fortement conseillé pour la santé il paraît ! Alors j'essaie jour après jour de balayer les critiques et les gens qui me veulent du mal. J'essaie d'être la plus heureuse qu'il soit afin de vous renvoyer un peu de lumière et de joie. Et, promis juré, le soleil aura beau disparaître, les orages se mettre à tonner, la terre à trembler, je ne m'écarterai jamais de mon cap, je partagerai avec vous tout le bonheur du monde et, surtout, je ferai des parts assez grandes pour qu'il en reste encore la nuit tombée, quand vous avez les yeux fermés.

17

Demain, le cinéma ?

Je suis tellement ancrée dans le présent, pour ne pas dire l'instant, qu'il m'est difficile de penser à demain. Je sais qu'il est important de se projeter, ne serait-ce que pour se fixer des défis, des rêves, des envies. Mais j'aime tant ma vie actuelle qu'il m'est difficile d'entrevoir un plus grand bonheur ailleurs. Je suis une fille passionnée, qui a la chance de vivre de sa passion. Je mesure le privilège que j'ai. Ce n'est pas donné à tout le monde. Aujourd'hui, je ne veux penser qu'à ma chaîne YouTube, m'y consacrer à 1 000 %. Je ne veux pas voir plus loin que les quatre murs de ma chambre et de mon dressing. J'aurais l'impression d'abandonner une partie de moi. Je ne suis pas prête à ça avant un bon moment, je vous le dis ! Comment pourrais-je imaginer une seule seconde lâcher ma communauté ? C'est impensable, déjà que je culpabilise d'être loin de vous quand je suis en vacances, ou même en week-end...

Mais s'il faut penser plus grand encore, gambader vers des terres paradisiaques, alors laissez-moi vous faire une confession. J'ai toujours rêvé d'être actrice. Et quand je dis « toujours », j'entends depuis que je suis gamine. Cette envie est née avec la série *Lizzie McGuire,* celle qui met en scène Hilary Duff. Cette série me faisait carrément rêver. Chaque fois que je me réfugiais dans ma chambre, je me prenais pour l'un des personnages. Je m'amusais à jouer l'actrice. Je mimais des humeurs, ou je rejouais des scènes. Je ne le fais plus maintenant, je vous rassure ! Mais j'ai toujours pensé que j'avais un don pour jouer un rôle, me mettre dans la peau de quelqu'un. Je dois même avouer que je me suis toujours imaginé des scènes dans ma tête : des scènes d'amour, de disputes, de drames, ou d'horreur... Vous voyez, on ne s'ennuie pas avec moi, je suis un cinéma à moi toute seule.

J'aime l'idée de devenir quelqu'un d'autre, quand on rentre dans un personnage puis qu'on redevient soi-même au moment où les caméras s'arrêtent de tourner. Comment fait-on pour gérer ces transformations ? Est-ce que cela déstabilise ? Est-ce qu'on finit par s'embrouiller dans nos vies ? Confond-on parfois la fiction et la réalité ? Ça ne doit pas être évident, vous ne pensez pas ? Rien que d'embrasser son partenaire à l'écran, ça doit faire bizarre. Comment s'empêche-t-on de ne rien ressentir ? Qu'il s'agisse de plaisir ou de dégoût, d'ailleurs, car les acteurs ne sont pas tous des canons... Et puis le cinéma, ça serait pour moi une autre façon de voir la caméra. Aujourd'hui, je gère tout toute seule de A à Z. Je suis à la fois réalisatrice, chef op, ingénieur du son, monteuse, scripte... Me rendre sur un vrai plateau et observer tous ces professionnels travailler ensemble, comprendre la façon dont ils appréhendent leur job, apprendre des meilleurs, ça serait carrément magique ! Et puis être enfin dirigée par un vrai réalisateur, vous imaginez ? Moi qui me dirige toute seule, je n'ai personne pour me dire en *live* ce que je peux améliorer, si je me tiens bien, si la prise mériterait d'être refaite...

Je n'ai jamais passé de castings. En fait, je n'ai jamais assez cru en moi pour me dire que c'était envisageable. Aujourd'hui j'ai gagné en assurance. Quand je me vois sur les campagnes d'affichage de Karin Herzog ou quand j'observe ce que j'ai réussi à construire seule dans ma chambre, je me dis que tout est possible. Alors pourquoi ne pas tenter ma chance un jour ? Vous pensez que je pourrais ? Après tout, je ne me suis jamais interdit de rêver. Pourquoi ne pas commencer ?

À choisir entre le petit ou le grand écran, mon cœur balance. J'adorerais tourner dans un film d'horreur, ou alors dans une série TV comme *Vampire Diaries* ou *Pretty Little Liars*. Vous imaginez un parcours à la Nina Dobrev ? Pouvoir être libre d'aller de projets en projets, de prendre des risques en quittant une série dont vous êtes la star. Le rêve ! Voilà, ça y est, je m'emballe, je me fais des films. Vous voyez, c'est plus fort que moi. Mais honnêtement, je me régalerais aussi en tant que chroniqueuse dans une émission TV, comme *Touche pas à mon poste* par exemple. Je suis fan ! Un peu moins que Tanguy qui ne rate pas un épisode, mais quand même… Je me régale aussi avec la *Delormeau Dance*. Je refais la chorégraphie quand je suis chez moi ou dans la rue, seule ou entre amis. C'est mon délire du moment ! Je suis sûre que vous aussi ! Franchement, Delormeau en fuseau, bandeau sur la tête en train de se tortiller, c'est pas irrésistible ?

J'ai envie de tout tester dans ma vie, donc forcément, à l'écran aussi. Mais entendons-nous bien, si je tourne dans un film d'horreur, hors de question que je me fasse déchiqueter ! L'idée, c'est que je sois la star du film, la fille sexy de 25 ans qui abat le méchant et s'en sort à la fin, mais dont tous les potes se sont fait tuer. Je veux bien éventuellement sauver quelques personnages – mais ce n'est pas obligé, mis à part mon mec, en hommage à Tanguy !

Vous voyez, j'adore me fixer des challenges. Des choses qu'on imagine impossibles et qui finalement prennent forme à force de persévérance et de courage. Mon nouveau défi cette année, c'est la pole dance. Oui, ça m'a pris comme ça. Parfois, faut pas chercher à comprendre avec moi... Mon objectif est de pouvoir réaliser une chorégraphie entière tout en haut de la barre. Je trouve ça tellement beau et féminin ! Le problème, c'est que c'est super difficile. J'ai des bleus énormes sur le corps. Quand tu vois mes jambes, t'as l'impression que je suis une femme battue. J'ai mal partout, je ne peux plus me déshabiller. La grâce a un prix, je viens de le découvrir ! Attention, je précise que la pole dance ce n'est pas du strip-tease ! Ça vient de l'art du cirque, nuance. Jusque-là, je faisais du sport à la maison, trois séances par semaine. Mais j'avais envie de découvrir autre chose, trouver une discipline hyper dure mais magnifique à regarder et géniale à pratiquer une fois que tu maîtrises les techniques. C'est ainsi que je suis naturellement tombée sur la pole dance. Vous n'auriez pas choisi le même sport, vous ?

Je m'y suis attelée super sérieusement, les filles ! À côté, je fais même du yoga pour me gainer et être meilleure sur la barre. Je dois être la seule fille au club à suivre des exercices de yoga pour améliorer mes performances en pole dance ! Toutes les autres, elles viennent là uniquement pour se détendre. Moi, non, je suis focus sur ma chorégraphie. En même temps, j'avoue que ça me fait un bien fou. Le club de yoga est le seul endroit où j'arrive à ne pas penser à YouTube. Je déconnecte totalement.

Pour progresser plus rapidement, j'ai installé une barre au milieu de mon salon. Oui, j'avoue que c'est assez étrange comme élément de décoration. Ça peut surprendre une barre dorée, comme ça, entre la table basse et le canapé. Et je passe sur la galère que ça a été pour la monter. Ce truc, ça pèse vingt-deux kilos alors que j'en pèse quarante-huit. Faites le calcul… Je n'ai jamais réussi à la soulever, encore moins à la fixer. Il a fallu que je demande de l'aide à Tanguy. Le pauvre… Vous allez finir par penser qu'il est dans tous les mauvais coups ! C'est mon héros, que voulez-vous… Moi je fais partie de ces filles qui ne savent pas monter un meuble Ikea, et ça me va bien comme ça. Je n'ai aucune force dans les bras. Je porte trois colis et je suis bonne pour des courbatures dans les biceps, vous voyez l'idée ? D'où le défi immense de la pole dance. Les premières séances, c'était l'enfer. Les filles à côté de moi étaient hyper gracieuses, elles arrivaient à se tenir avec un seul pied tandis que je ne pouvais même pas lever les fesses et grimper d'un mètre à la force de mes deux bras. Je ressemblais à un hippopotame pendant que Mademoiselle la fée et ses copines virevoltaient au plafond. Ça ne vous déprime pas des trucs comme ça ? Pour ne rien vous cacher, je trouvais ça démotivant. Mais je n'ai pas abandonné. Et je ne lâcherai rien. Dans quelques mois, je ferai des triples axels sans avoir le vertige, tout en haut de la barre, et en ne m'aidant que d'un orteil !

À côté de ça, on a des projets communs avec Tanguy, comme de s'acheter un appartement l'année prochaine et un jour une maison à la lisière d'une forêt ou d'un lac. C'est le rêve de ma vie. Avoir une maison au milieu d'une forêt avec, au bout du chemin, un ponton menant vers un lac. Vous savez, comme ces maisons qu'on voit au Canada… Ah, le Canada ! Je rêve de m'installer là-bas, mais Tanguy, lui, il ne veut pas. Le problème, c'est que si moi je peux bosser n'importe où, lui non. Il ne pourrait pas vraiment trouver de travail là-bas. Ça n'enlève rien au fait que je suis une fan absolue de ce pays. Même le froid ne me fait pas peur. Ni les moustiques l'été. Et pourtant, les moustiques et moi, on s'est déclaré la guerre depuis ma naissance. La nuit, on se bat. Et comme si ces bestioles voulaient me pourrir la vie encore un peu plus, elles ont la désagréable habitude de se coincer dans mes cheveux. Vous avez déjà vu ça ?

Je voue une véritable passion à la nature, et comme je l'ai dit, aux forêts. Vous voulez me rendre heureuse ? Emmenez-moi faire une randonnée. Je vous jure alors que plus rien n'a d'importance. Pas même le risque de me casser un ongle. Je fonce ! C'est la raison pour laquelle je suis partie en Asie cet hiver, pour aller voir les plus belles forêts du monde. Et il est vrai que je n'ai jamais vu autant de beauté au mètre carré. Les paysages sont incroyables là-bas. Je suis plus sereine quand je me balade en forêt. Peut-être parce que les arbres y sont hauts. Je me sens en sécurité, abritée, protégée. Il y a un endroit où je rêve d'aller, c'est la forêt amazonienne, mais je ne sais pas si ça se réalisera un jour. Pour moi, c'est la plus belle forêt qui puisse exister au monde, la plus intrigante aussi. Mais j'ai toujours entendu dire que c'était hyper dangereux. Il peut t'arriver n'importe quoi. Tanguy m'a proposé d'y aller en prenant un guide. Mais moi je ne veux pas partir avec un guide. Ce que je préfère, c'est l'aventure en amoureux, pouvoir faire ce que je veux, et si possible des trucs de fou. Alors pas question d'avoir un guide derrière moi pour me dire de ne pas aller ici, ou là, qui va cadrer mon emploi du temps, ma vitesse, et brimer ma liberté. Ça ne me tente pas du tout. J'ai 25 ans, je veux de l'aventure, recouvrir mon globe d'étoiles rouges, vivre sans retenue avec l'homme qui me connaît le mieux au monde et avec lequel je suis moi-même à 100 %. Je sais que beaucoup de couples s'empêchent de l'être, à 100 %, pour garder la flamme. Pas nous. Au contraire, on se laisse aller à être entiers, vrais, honnêtes et transparents. C'est comme ça qu'on s'aime et que notre amour grandit.

Parfois, j'ai l'impression d'être Corto Maltese au féminin. Par exemple, avec Tanguy on s'est promis d'aller visiter l'île de Pâques, cet endroit mythique situé à l'extrémité de l'Océanie, entre le Chili et Tahiti. Récemment, dans un musée à New York, on a aperçu une statue magnifique originaire de l'île et ça a décuplé notre envie d'y aller. C'est hyper mystérieux comme endroit, presque une terre de légende. Je veux marcher là-bas, ressentir les ondes de cette île à part. Cette espèce de confetti perdu en plein océan qu'un navigateur néerlandais a découvert le jour de Pâques de l'année 1722, inscrit au Patrimoine mondial de l'UNESCO, peuplé de deux mille statues de pierre, et dont les côtes les plus proches sont à quatre mille kilomètres.

Selon une légende que j'ai lue, le premier habitant de l'île est le roi polynésien Hotu Matu'a. Il aurait été chassé des îles Marquises et aurait débarqué là en l'an 500, après y avoir envoyé ses sept fils en éclaireurs. Courageux mais pas téméraire, le roi ! Il y a aussi cette fameuse légende de l'œuf, une pierre située au nord-est de l'île et qui, selon les habitants, symboliserait le centre du monde. Quant aux statues, les plus grands mythes circulent à leur sujet. D'ailleurs, je crois que personne ne sait expliquer comment elles ont pu être transportées depuis l'unique carrière de tuf qu'il y a sur l'île et où elles ont été taillées. Certaines sont inachevées, comme si, du jour au lendemain, leurs créateurs avaient dû les abandonner là. Étrange, non ? Moi, ça m'excite énormément. C'est un autre monde, une culture aux antipodes, une autre vision de la vie. C'est ce que j'aime dans les voyages : découvrir la pluralité des sociétés de notre planète. Mais avant de m'envoler un jour pour l'île de Pâques, j'ai bien d'autres choses à découvrir et à vous faire découvrir.

J'écris, j'écris, et j'oublierais presque que la caméra ne tourne plus depuis un long moment. Il est temps de l'allumer à nouveau, tout comme les deux spots que j'ai installés dans mon dressing. Le cinéma attendra... Voilà, je m'assois au pied de mon miroir, je cale mon réflex en mode *record*. Le voyant rouge apparaît. C'est bon ? Vous êtes là ? Salut, tout le monde, je ne vous ai pas encore parlé aujourd'hui. Vous m'avez tant manqué.

Achevé d'imprimer par GGP Media GmbH, Pößneck
en juin 2016

N° d'éditeur : 00045
Dépôt légal : juillet 2016
Imprimé en Allemagne

Composition :
Soft Office